75x Schleswig-Holstein entdecken

PETER WENNERS

75x Schleswig-Holstein entdecken

Ein Tourenbegleiter durch die Landesgeschichte

BOYENS

BOYENS
BUCHVERLAG

ISBN 978-3-8042-1555-9

Herstellung: Boyens Buchverlag
Layout und Gestaltung: Dörte Kromrei
Druck: CPI – Clausen & Bosse, Leck
Printed in Germany

www.boyens-buchverlag.de

INHALT

75x SCHLESWIG-HOLSTEIN ENTDECKEN. EIN TOURENBEGLEITER DURCH DIE LANDESGESCHICHTE

Glaubt man dem Glücksatlas 2020, sind die Schleswig-Holsteiner die glücklichsten Bewohner eines deutschen Bundeslandes. Und das schon zum achten Mal in Folge. Mit ihrer Wohn- und Freizeitsituation seien die Schleswig-Holsteiner besonders zufrieden. Sie lieben die Weite, das Wasser, sogar die Wolken und den Wind an den beiden Küsten von Nord- und Ostsee. Bezüglich ihrer Ausgeglichenheit und Zufriedenheit ähneln die Schleswig-Holsteiner ihren dänischen Nachbarn, wo nach entsprechenden Untersuchungen die glücklichsten Menschen auf der Welt leben. Alles ein Grund mehr, sich mit der Geschichte dieses so glücklichen Landes Schleswig-Holstein zu beschäftigen.

„Wer nicht von dreitausend Jahren / Sich weiß Rechenschaft zu geben, / Bleib im Dunkeln unerfahren, / Mag von Tag zu Tage leben."
Johann Wolfgang von Goethe: West-östlicher Divan.
Rendsch Nameh: Buch des Unmuts (1819)

Wo tritt schleswig-holsteinische Geschichte zutage und wird anschaulich? Natürlich grundsätzlich vor Ort, also an den historischen Stätten, dort, wo geschichtlich wichtige Ereignisse stattfanden. Welche weiteren Quellen stehen zur Verfügung? Neben schriftlichen Überlieferungen wie Urkunden, Briefen, Lebenserinnerungen und Gebäuden aus den verschiedenen Jahrhunderten können zahlreiche Objekte aus vergangenen Zeiten von den politisch-historischen und kulturgeschichtlich entscheidenden Zusammenhängen zeugen. In den Augen des Historikers Johann Gustav Droysen, der von 1840 bis 1851 an der Kieler Christian-Albrechts-Universität lehrte, sei Quelle „alles und jedes, was die Spur von Menschengeist und Menschenhand an sich trägt". In diesem Sinne sind Objekte, in ihren historischen und lebensweltlichen Kontexten betrachtet, aussagekräftige historische Gegenstands- oder Sachquellen.

Dieses Buch lädt ein zu einer Entdeckungstour zu schleswig-holsteinischen Objekten. Der Leser begegnet Kunstwerken, Gedenksteinen, Grabmalen, Gebäudeteilen und technischen Einrichtungen, die von den historischen, sozialen, kulturellen und ökonomischen Entwicklungen ihrer Entstehungszeit zeugen und so die Geschichte des Landes Schleswig-Holstein entdecken helfen. Die Darstellung der 75 Objekte ist chronologisch geordnet und umfasst den

Zeitraum von der Jungsteinzeit bis in die Gegenwart.
Jedes Objekt wird in seiner individuellen Geschichte und in seinem historischen Kontext dargestellt, mag es eine ganze Epoche oder auch nur ein singuläres Ereignis oder eine historische Persönlichkeit betreffen. Aus der Zusammenschau der einzelnen Objekte ergibt sich ein Überblick über die Landesgeschichte. Hinweise zu weiteren sehenswerten Stätten ergänzen die Kapitel und ermöglichen eine Entdeckungstour durch die Geschichte Schleswig-Holsteins.

3500 v. Chr.: IDSTEDTER RÄUBERHÖHLE – STEINERNER ZEUGE AUS DEM NEOLITHIKUM

Wie es sich gehört, liegt mitten im Wald versteckt eine Räuberhöhle. Ob in der Idstedter Räuberhöhle jemals Räuber hausten, sei dahingestellt. Jedenfalls beherbergt sie ein echtes Ganggrab der so genannten Trichterbecherkultur, in der es erste bäuerliche Lebensformen gab. In diesem Megalithgrab, das sich noch immer in einem guten Zustand befindet, gibt es eine etwa vier Meter lange und zwei Meter breite Kammer sowie einen dreieinhalb Meter langen Gang in einem zweieinhalb Meter hohen Rundhügel mit einem Durchmesser von siebzehn Metern. Diese jungsteinzeitliche Grabanlage im Idstedter Wald südlich des Dorfes Idstedt entstand zwischen 3500 und 2800 vor Christus.

Idstedter Räuberhöhle

Bodenfunde von Werkzeugen, Gebrauchsgegenständen und Waffen lassen die Vermutung zu, dass es die älteste menschliche Besiedlung Schleswig-Holsteins zwischen Saale- und Weichseleiszeit gab. In der Altsteinzeit bis 10000 vor Christus bevölkerten nomadische Rentierjäger die nacheiszeitlichen Landschaften. Im Mesolithikum, der Mittelsteinzeit zwischen 8000 und 3500 vor Christus, zogen Jäger, Fischer und Sammler mit ihren Waffen aus Knochen oder dem scharfkantigen Feuerstein den Tieren der heimischen Fauna Wolf, Bär, Wildschwein und Rotwild hinterher. Ihr Sammelgut bestand aus Beeren, Nüssen und wilden Früchten.

Um 4000 vor Christus lebten die ersten Ackerbauern in Schleswig-Holstein. In der Jungsteinzeit, dem Neolithikum zwischen 4000 und 1800 vor Christus, bildete sich eine vollständig veränderte Wirtschaftsform heraus, die so genannte neolithische Revolution. Die Menschen wurden sesshaft und hielten Rinder, Ziegen und Schafe als Haustiere. Auf gerodeten Flächen legten

Hünengrab im Steinzeitdorf in Albersdorf

sie Ackerland an und bauten Gerste, Hirse und Weizen an. Überschussproduktion ermöglichte sogar Vorratshaltung. Dorfartige Siedlungen mit festen Häusern entstanden, in denen auch Handel und Handwerk betrieben wurden. Die Arbeitsteilung hielt ihren Einzug.

Hinweise auf die Kultur und die religiösen Vorstellungen dieser neolithischen Menschen, die vorrangig Naturmächte verehrten, geben die steinernen Grabanlagen, die Riesenstein- oder Megalithgräber aus Gletscherfindlingen. Sowohl die älteren Dolmengräber als auch die Ganggräber waren meist Einzelgräber und boten Platz für einen Leichnam sowie für Grabbeigaben von Waffen und Schmuck. Daneben wurden mehrere Tote auch in Langgräbern, den so genannten Hünengräbern, beigesetzt.

Adresse: Idstedter Räuberhöhle, Idstedter Wald, Straße Arenholzfeld, 24879 Idstedt, von Schleswig kommend 150 Meter nach der Abzweigung Wilhelmslust auf der rechten Seite, Parkplatz „Idstedtwege", vom Parkplatz etwa 300 Meter parallel zur Landstraße.

Ganggräber aus eiszeitlichen Findlingen wie dieses sind Zeugnisse der Besiedlung Schleswig-Holsteins in der Jungsteinzeit, in der die Menschen sesshaft wurden und Ackerbau und Viehzucht zu treiben begannen.

In der Nähe liegt Idstedt mit dem Idstedt-Denkmal und dem Museum über die landesgeschichtlichen Zusammenhänge der Schlacht bei Idstedt, Idstedtkirche 1, 24879 Idstedt. Nur wenige Minuten entfernt liegt an der Dorfstraße der idyllische Idstedter See.

320: NYDAMBOOT – SPUREN DER EISENZEIT

Ein Sensationsfund: das einzigartige Nydamboot, das 1863 im südjütischen Nydammoor bei Sønderborg von dem Lehrer und Archäologen Conrad Engelhardt gefunden wurde und nach mehrfachem Ortswechsel im Archäologischen Landesmuseum des Schlosses Gottorf ausgestellt wird. Es handelt sich um ein hochseetaugliches und schnelles Kriegsfahrzeug für eine Besatzung von fünfundvierzig Männern. Der Schiffsrumpf in Klinkerbauweise weist eine Länge von fast dreiundzwanzig Metern und eine Breite von etwas mehr als drei Metern auf. Seine erhebliche Festigkeit erhielt er durch die überlappenden Eichenholzplanken, die mit Hilfe eiserner Nieten verbunden waren. Dieses Schiff wurde nicht gesegelt, sondern gerudert. Die

Nydamboot

sechsunddreißig Ruderer saßen mit dem Rücken in Fahrtrichtung. Mit Hilfe der dendrochronologischen Analyse der entweder aus Schleswig-Holstein oder Dänemark stammenden Bauhölzer konnte die Entstehungszeit auf etwa 320 nach Christus datiert werden. Wenige Jahrzehnte später wird das Nydamboot in einem Opfersee versenkt worden sein.

Seit dem sechsten Jahrhundert vor Christus nutzte man nachweislich in Schleswig-Holstein Eisen als Werkstoff. Den begehrten Rohstoff gewann man erfolgreich aus einheimischen Raseneisenerzen. Auch in natürlichen Wasserläufen und moorigen Böden fand man das wertvolle Metall und bereitete es in sogenannten Rennöfen für die Weiterverarbeitung als Schmiedeeisen auf.

Die Ausbreitung der Eisenzeit zwischen 750 vor Christus und 400 nach Christus wie auch die Kontakte zur römischen Welt und Kultur konnte man nachweisen anhand von Grabfunden, Schatz- und Opferfunden wie metallenen, auch goldenen Fibeln und Gürteln, Ringen und Waffen sowie auch durch die sehr gut erhaltenen mumifizierten Moorleichen, die ebenfalls aus der schleswig-holsteinischen Eisenzeit stammen. Das dritte und vierte Jahrhundert nach Christus war gekennzeichnet durch zahlreiche harte Kämpfe im westlichen Ostseegebiet. Waffen und andere Ausrüstungsgegenstände der Unterlegenen wurden von den Siegern häufig in heiligen Seen und Mooren als Opfergaben für eine hilfreiche Gottheit versenkt, so wie das Boot im Moor von Nydam.

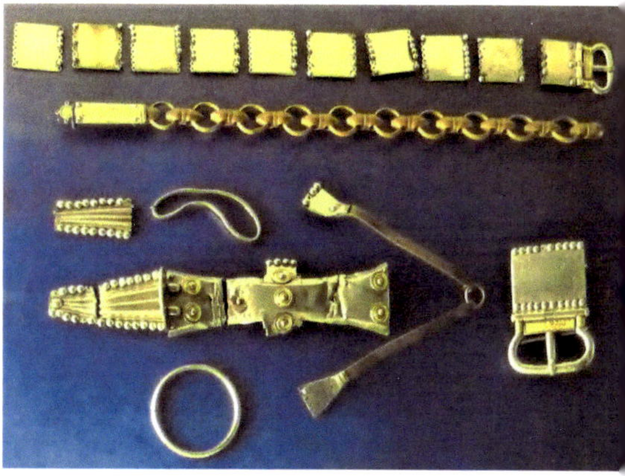

Grabbeilagen aus dem Thonberger Moor, Landesmuseum Schloss Gottorf

Adresse: Nydamhalle, Schloss Gottorf, Schlossinsel 1, 24837 Schleswig.

Das Nydamboot aus der Zeit von etwa 320 ist ein Beispiel für die hochentwickelte Schiffbaukunst in der Eisenzeit.

Gleich neben der Nydamhalle liegt das Landesmuseum Schloss Gottorf, das mit seiner reichhaltigen Sammlung umfängliche Einblicke in die Landesgeschichte gewährt sowie viele Zeugnisse aus der Frühzeit wie Grabbeilagen und auch die berühmten Moorleichen präsentiert.

400: OFFA-QUELLE BEI ARNIS – VÖLKER AUF DER WANDERUNG

Ein Stein am Ufer der Schlei bei Arnis, aus dem Wasser sprudelt, soll an die Quelle erinnern, die den Namen Offas trägt, des Sohnes des legendären Königs Wermund, des Königs der Angeln um das Jahr 400. Dieser Offa soll seit seiner Geburt blind und stumm, insgesamt kränklich und auch gelähmt gewesen sein. Der Sage nach soll er dieser Quelle zu verdanken haben, dass er gerade noch rechtzeitig gesund und kräftig wurde, um für sein Land zu kämpfen. Seitdem wurden der Quelle wundersame Heilkräfte nachgesagt.

Der alte und blinde König Wermund sah sich der Bedrohung eines sächsischen Königs aus dem Süden gegenüber, der ihm sein Reich streitig machte. In diesem Moment erlangte Offa plötzlich seine Gesundung, zeigte sich kampfbereit und bewies seine enorme Stärke, indem er sämtliche Schwerter zerbersten ließ, bis er das magische Schwert „Skræp" seines Vaters forderte. Als Ort des vereinbarten Zweikampfes wurde die kleine unbewohnte Insel „Fifeldor" (Eider) in der Eider bei Rendsburg festgelegt. In diesem Waffengang erschlug Offa mithilfe seines überirdischen Schwertes den Sohn des mächtigen Gegners und einen von dessen tapfersten Kriegern. Durch diesen ersten siegreichen Kampf um die Eidergrenze, die Grenze von Wermunds Reich, rettete der Königssohn die Unabhängigkeit der Angeln. Wahrscheinlich ist Offa gleichzusetzen mit Uffo, einem ebenfalls sagenumwobenen dänischen König.

Offa-Quelle

Vielleicht waren eine Verschlechterung des Klimas und daraus folgende Versorgungskrisen die Ursache dafür, dass sich die im nördlichen Schleswig-Holstein siedelnden germanischen Volksstämme der Angeln, Sachsen und Jüten mit allem, was sie besaßen, auf den Weg machten. Die einschneidenden Bevölkerungsbewegungen auf der Kimbrischen Halbinsel waren Teil der großen europäischen Völkerwanderung im vierten und fünften Jahrhundert. Die Abwanderung dieser Völker hinterließ zunächst eine entvölkerte Landschaft mit äußerst geringer Bevölkerungsdichte. Besonders weite Teile des östlichen Hügellandes mit dem Gebiet zwischen Schlei und Eider waren davon betroffen. Von der Schlei bis zur Trave konnte sich sogar der ursprüngliche Eichen-Mischwald, der „Eisenwald" (Isarnho), wieder ausbreiten.

Aber die Region blieb nicht lange menschenleer: Von Nordosten stießen die Dänen, die aus dem südlichen Schweden einwanderten, ins Land, vermischten sich mit den Jüten und erreichten in der ersten Hälfte des 8. Jahrhunderts die Schlei. Von Süden kamen seit dem 7. Jahrhundert die Sachsen mit ihren Teilstämmen der Dithmarscher, Holsten und Stormarer. Slawische Volksstämme wanderten in der zweiten Hälfte des 7. Jahrhunderts von Osten kommend in das heutige Ostholstein ein. Friesen aus dem südlichen Friesland besiedelten seit dem 8. Jahrhundert die Westküste des Landes. Die typischen Ortsnamensendungen lassen die jeweiligen Siedlungsbereiche der vier Völker erkennen: Auf die sächsische Endung -büttel trifft man vor allem in Ortsnamen im Südwesten (Brunsbüttel), das slawische -au/-ow kommt vorwiegend im Südosten (Bosau) vor, das friesische -um im Nordwesten (Nieblum), das dänische -lev im Norden (Haderslev).

Heringszaun in Kappeln

Adresse: Offa-Quelle, Strandweg, 24399 Arnis.

An der Offa-Quelle in Arnis wird die Geschichte um Offa, den Sohn Wermunds, des legendären Königs der Angeln, lebendig. Zugleich legt die Sage Zeugnis ab von dem ersten Grenzverlauf der Eider, an der der Kampf zwischen Angeln und Sachsen ausgetragen wurde.

Die Quelle liegt am Ufer der Schlei bei Arnis, der sehenswerten kleinsten Stadt Deutschlands. Die Schlei ist mit ihrer Artenvielfalt ein echtes Naturparadies. Auch Ausflugsfahrten auf dem Wasser sind lohnend, Am Hafen, 24376 Kappeln. Die Stadt Kappeln bietet außerdem einen Museumshafen mit alten und nach alten Plänen neu gebauten Schiffen, Am Südhafen. Sehenswert sind auch die Museumsbahn Angelner Dampfeisenbahn, Bahnhofsweg 9, und der Heringszaun, die einzige noch funktionsfähige Fischfanganlage dieser Art aus dem 15. Jahrhundert, Am Hafen.

750: KÖNIGSSAAL IN STARIGARD / OLDENBURG – SLAWISCHE BESIEDLUNG

Hier saßen mächtige slawische Fürsten, die im 9. und 10. Jahrhundert in dem Fürstensaal dieser Burg (heute Wallmuseum zu Oldenburg) residierten. Der Fürstenhof war das Zentrum einer von einem achtzehn Meter hohen Burgwall umgebenen Siedlung, die Ende des 7. Jahrhunderts von Slawen gegründet wurde. Sie selbst nannten den Ort „Starigard", also „alte Burg" oder „Aldinburg", was dann zu Oldenburg wurde. Die Reste der frühmittelalterlichen Burg aus der Zeit um 750, der imposante Ringwall, die Hafenanlage – damals noch direkt an der Ostseebucht –, einfache Hütten, Werkstätten und der Fürstenhof erinnern an die slawische Besiedlung Ostholsteins. Der Chronist Helmold von Bosau nannte um 1167 neben dem slawischen Namen auch den deutschen: „Aldenburg, ea quae Slavica lingua Starigard, hoc est antiqua civitas, dicitur." Starigard war die erste Festung und ehemalige Fürstenburg der Slawen in Ostholstein, später dann Bischofssitz und Zentrum der christlichen Mission Wagriens.

Königssaal in Starigard / Oldenburg

Vom 7. bis 12. Jahrhundert lebten westslawische Stämme, auch Wenden genannt, in diesem östlichen Teil Holsteins, die Abodriten mit ihren Teilstämmen, den Wagriern im heutigen Ostholstein und den Polaben im heutigen Lauenburg. Zu Beginn des 9. Jahrhunderts reichte das Siedlungsgebiet der slawischen Stämme von der Kieler Förde bis zur Elbe bei Lauenburg. Unzählige Ortsnamen slawischen Ursprungs in den Kreisen Plön und Ostholstein zeugen davon: Laboe, Preetz, Plön, Eutin, Lübeck.

Seit dem 9. Jahrhundert versuchten die deutschen Könige und Kaiser unermüdlich, das Siedlungsgebiet der Slawen nordöstlich der Elbe zu erobern, zu kolonisieren und zu christianisieren. Sie stießen allerdings auf den heftigsten Widerstand der slawischen Stämme. 1066 drangen die Slawen während eines großen Aufstands weit in Nordelbingen und Jütland ein und zerstörten Haithabu und Hamburg. Der zum Christentum übergetretene Wendenfürst Heinrich beendete schließlich innere Streitigkeiten und vereinigte die slawischen Stämme in einem großen Reich von Holstein bis Mecklenburg und Vorpommern.

Die Christianisierung dauerte in den slawischen Gebieten jenseits des Limes Saxoniae erheblich länger als im übrigen Schleswig-Holstein. Ausgangspunkt der Missionierung Wagriens und Polabiens bildete das ostholsteinische Starigard. Nach vielen Rückschlägen, zum Beispiel während der Slawenaufstände von 983 und 1066, gelang es erst im 12. Jahrhundert von den 1127 bzw. 1134 gegründeten Klöstern in Neumünster und Segeberg aus, die slawische Bevölkerung zum christlichen Glauben zu bekehren. Zentrum der Christen in Ostholstein wurde Lübeck, das 1160 einen Bischofssitz erhielt. Um 1200 war die Ausbreitung des Christentums in Nordelbien weitgehend abgeschlossen.

Rekonstruierter Hafen von Starigard

Adresse: Königssaal in Starigard, Wallmuseum, Professor-Struve-Weg 1, 23758 Oldenburg.

Das Oldenburger Wallmuseum bietet in seiner Ausstellung und in der großen Freilichtanlage mit den rekonstruierten Häusern Einblicke in die Zeit der slawischen Besiedlung Ostholsteins, als „Starigard" (Oldenburg) die Burg slawischer Fürsten war.

Die Reste der slawischen Befestigung der Stadt sind mitten in der Stadt am zwischen 700 und 840 angelegten Oldenburger Wall zu erkennen, der zu den bedeutendsten Bodendenkmälern Schleswig-Holsteins zählt. Der Straße Am Wall folgend, gelangt man zur nahen St.-Johannis-Kirche aus dem 12. Jahrhundert, die als erste größere romanische Backsteinkirche Nordeuropas gilt, Wallstraße 3, 23758 Oldenburg.

798: GEDENKSTEIN FÜR DIE SCHLACHT AUF DEM SVENTANAFELD IN BORNHÖVED – KAMPF MIT DER GROSSMACHT

Die Kimbrische Halbinsel wurde kurz vor dem Jahr 800 zum ersten Mal in das große politische Weltgeschehen hineingezogen. Der Gedenkstein in Bornhöved erinnert an dieses Ereignis, an die Schlacht auf dem Sventanafeld, dem Schwentinefeld. 798 besiegten hier die slawischen Abodriten,

Gedenkstein in Bornhöved

die mit den Franken verbündet waren, die nordalbingischen Sachsen.

Seinen blutigsten Kampf focht der Frankenkönig Karl der Große ab 772 mit den Sachsen aus, die zähen Widerstand gegen seine Versuche leisteten, seinen Machtbereich und das Christentum in ihre Gebiete auszudehnen. In den so genannten Sachsenkriegen hatte er den Raum bis zur Elbe unterworfen und weitgehend befriedet. Seinen Kampf gegen die Sachsen weitete der Frankenherrscher nun auch auf die Gebiete nördlich der Elbe aus.

Ungebrochenen Widerstandswillen zeigte vor allem ein sächsischer Heerführer namens Widukind, der den Franken manche herbe Niederlage beibrachte. Karls Vergeltungsversuchen entzog sich Widukind mehrmals durch seine Flucht zu den Nordmannen, wahrscheinlich zu Sigfred, der von 777 bis 798 in Dänemark herrschte. Am Ende unterwarf sich der widerspenstige Sachsenherzog doch den militärisch überlegenen Franken und ließ sich 785 sogar taufen. Die Bekehrung der Besiegten zum christlichen Glauben erfolgte aber meist nur als äußerer Akt, ohne innere Überzeugung und Gläubigkeit.

Karl dem Großen war es damit tatsächlich gelungen, seinen Herrschaftsbereich sogar über die Elbe hinaus auszubauen. Dieser Sieg wurde allerdings mit Metzeleien, Hinrichtungen und Verwüstungen brutal und blutig erkauft. Weiterhin Widerstand leisteten nur die nördlichen sächsischen Stämme, die Nordalbinger. Die Boten Karls des Großen, die bei den Sachsen in ihren drei Gauen Stormarn, Dithmarschen und Holstein die Kapitulationsbedingungen durchsetzen sollten, wurden von diesen gefangengenommen oder ermordet. Daraufhin rückte Karl der Große mit einem bedeutenden Heer von Süden gegen die Sachsen vor, während die mit ihm verbündeten Abodriten unter ihrem Fürsten und Heerführer Drasco vom slawischen Ostholstein aus angriffen.

798 kam es auf dem Schwentinefeld, „Sventanafeld", bei Bornhöved, einer unbesiedelten Sanderfläche, zur entscheidenden Schlacht, in der die aufständischen Sachsen den Abodriten, die von den Franken unterstützt wurden, unterlagen. Die gefangenen Sachsen ließ der Frankenkaiser in andere Teile seines Reiches deportieren. Weite Teile der eroberten Sachsengaue übereignete Karl der Große seinen slawischen Verbündeten, damit diese die fränkische Nordgrenze gegen die Dänen verteidigen sollten.

Vicelinkirche St. Jacobi in Bornhöved

Adresse: Gedenkstein für die Schlacht auf dem Sventanafeld, Adolfplatz, 24619 Bornhöved.

Mit der Schlacht auf dem Sventanafeld im Jahr 798, in der die Franken mit den verbündeten slawischen Abodriten die Sachsen besiegten, weitete Karl der Große seinen Machtbereich in das Gebiet nördlich der Elbe aus.

Bornhöved bietet direkt neben diesem Gedenkstein auf dem Adolfplatz ebenfalls ein Denkmal für die Schlacht bei Bornhöved von 1227, in der Graf Adolf IV. von Schauenburg seine Grafschaft Holstein von den Dänen zurückgewann. Auch die Vicelinkirche St. Jacobi, eine Feldsteinkirche von 1150, ist einen Besuch wert, Am Alten Markt 2a. Nördlich des Ortes lädt die aus sechs Seen bestehende Bornhöveder Seenplatte zu Wanderungen ein.

808: LANDEBRÜCKE IN HAITHABU – NORDISCHE WELTSTADT

Eigentlich schwer vorstellbar, und sie ist auch nur rekonstruiert. Trotzdem soll die Landebrücke im Hafen von Haithabu einen Hinweis geben auf die einstige überragende Bedeutung dieses Umschlagplatzes für den Handel zwischen Skandinavien und Westeuropa, zwischen Nordseeraum und Baltikum. Die Handelsbeziehungen der Wikingersiedlung Haithabu, die sich bis in entlegenste Räume erstreckten, zum Beispiel mit Tonwaren, Glas und Werkzeug aus aller Welt, machten diesen Ort zu einem regelrechten Welthafen. Hier ankerten Schiffe aus dem Mittelmeerraum, aus Nordafrika, Russland und dem Baltikum. Aus dem skandinavischen Raum wurden

Landebrücke in Haithabu

vor allem Rohstoffe umgeschlagen, aus ferneren Ländern vielfach Luxusgüter. Sogar ein regelrechter Sklavenhandel entwickelte sich hier.

Haithabu war eine der bedeutendsten frühmittelalterlichen Siedlungen in Nordeuropa. Den Ausschlag gab die verkehrsgünstige Lage am Haddebyer Noor am westlichen Ende der Schlei in der Nähe des historischen Ochsenwegs, des uralten jütischen Heer- und Hauptverkehrswegs von Nord nach Süd. Die Lage Haithabus an dem tief ins Land ragenden und schiffbaren Schleiarm erlaubte es, den weiten und gefährlichen Seeweg aus der Ostsee über Sund, Belt und Skagen ins Weltmeer zu vermeiden und Handelsgüter nur fünfzehn Kilometer über Land bis zur Eider und Treene zu transportieren und über diese Flüsse weiter zur Nordsee zu verschiffen.

Gegründet wurde Haithabu von den Wikingern, die zwischen 800 und 1050 das gesamte nordwestliche Europa über Island und Grönland sogar bis zum nordamerikanischen Kontinent prägten. Die aus Skandinavien stammenden Wikinger galten als „Terroristen" des Mittelalters. Sie eroberten mit ihren Schiffen gewaltsam Dörfer und Städte, plünderten Klöster, brannten alles nieder und versklavten die Bewohner. In Wirklichkeit waren sie nicht nur Barbaren, Räuber und Mörder. Sie waren auch Händler, die nicht Beute machen wollten, sondern gleichfalls Geschäfte. Den bedeutendsten Handelsplatz und die größte Festung der Wikinger bildete Haithabu.

Um 808 erhob der dänische König Göttrick/Godfred die Grenzstadt Haithabu zum Zentrum seines Reiches, nachdem er tributpflichtige slawische Händler aus ihrem von ihm zerstörten Handelsplatz Reric an der Wismarer Bucht hier angesiedelt hatte. Der berühmte dänische Herrscher Harald Blauzahn hielt sich häufig in Haithabu auf und machte es in der zweiten Hälfte des 10. Jahrhunderts ebenfalls zum Zentrum seines Herrschaftsraumes. Nachdem er sich offenbar zum Christentum bekehren ließ, wurde die Stadt zu einem Ausgangspunkt für die christliche Missionierung. Eine erste christliche Kirche wurde errichtet, und 948 erhob der deutsche Kaiser Otto I. Haithabu zum Bischofssitz.

Kirchenglocke im Wikinger-Museum Haithabu

Seine Blütezeit erlebte Haithabu im 10. Jahrhundert, mit etwa 1.500 Einwohnern der größte Handelsort im westlichen Ostseeraum. Die Bevölkerung der Stadt war international: Nebeneinander lebten hier Dänen, Schweden, Norweger, Friesen, Sachsen, Franken und Slawen. Zugleich war Haithabu die erste Siedlung nördlich der Elbe, die eine differenzierte Gewerbestruktur aufwies und Arbeitsplätze für städtische Funktionen ausbildete. Neben Schiffbauern siedelten sich in Haithabu verschiedenste Handwerker an, Metallhandwerker, Bernsteinschleifer, Töpfer oder Glasbläser. Zum Schutz der etwa vierundzwanzig Hektar großen Siedlung, die aus kleinen, meist ebenerdigen Häusern mit Wohnung und Arbeitsstätte unter einem Dach bestand, wurde ein befestigter Halbkreiswall von bis zu zehn Metern Höhe angelegt, der sich an das Verteidigungssystem des Danewerks anschloss.

Nach einer ersten Zerstörung durch die Norweger unter Harald dem Harten im Jahr 1050 wurde Haithabu 1066 von den Slawen im Rahmen eines Feldzugs mit blutiger Christenverfolgung völlig dem Erdboden gleichgemacht. Die einst blühende Handelsstadt wurde aufgegeben und nach Schleswig am Nordufer der Schlei verlegt. Alle Funktionen gingen nun von Haithabu auf Schleswig über, dessen Hafen entsprechend ausgebaut wurde. Schleswig stieg zum Königssitz, zur Bischofsstadt und zunächst auch zum Zentrum des Fernhandels über das Meer auf, bevor es seine Vormachtstellung an das aufstrebende Lübeck abgeben musste.

Adresse: Wikinger-Museum Haithabu, Am Haddebyer Noor 3, 24866 Busdorf.

Die Wikingersiedlung Haithabu war einer der wichtigsten Handelsplätze Nordeuropas in verkehrsgünstiger Lage am Haddebyer Noor am westlichen Ende der Schlei. Zwischen 800 und 1066, dem Jahr der Zerstörung, war die Stadt zeitweise Zentrum des dänischen Königreiches und Ausgangspunkt für die Christianisierung des Nordens.

Die Landebrücke ist Teil des nach originalen Baubefunden rekonstruierten Wikingerdorfes in unmittelbarer Nähe des Wikinger-Museums mit seiner vielfältigen Ausstellung, die Einblicke in die faszinierende Welt der Wikinger gewährt. Um das Haddebyer und das anschließende Selker Noor führen verschiedene Wanderwege, auch direkt vom Museumsdorf Haithabu aus.

809: ALTE SCHWENTINE – LIMES SAXONIAE

Der Lauf der Alten Schwentine in Depenau erinnert daran, dass hier einst der Limes Saxoniae verlief, die Grenze zwischen sächsischem und slawischem Gebiet. Grenzziehungen dieser Art kennzeichneten die Siedlungsbereiche der unterschiedlichen Völkerkreise auf der Kimbrischen Halbinsel: im Norden Dänen und Jüten, im Westen Friesen, im Süden Sachsen und Franken und im Südosten Slawen. Auf dieser Landbrücke zwischen Mittel- und Nordeuropa trafen sich die Völker. Seit dem frühen 9. Jahrhundert wurde die Grenze zwischen dänischem und sächsischem Gebiet durch das Danewerk markiert.

Die Grenze zwischen dem fränkischen Machtbereich im sächsischen Nordalbingien und dem seit dem 7. Jahrhundert in Wagrien und Polabien siedelnden slawischen Volk der Abodriten bildete ab 809 der von den Franken angelegte Limes Saxoniae. Karl der Große legte sowohl die Eider als Nordgrenze seines Reiches fest als auch diese „Grenze Sachsens" im Osten. Sie folgte meist Fluss- und Bachläufen, sumpfigen Niederungen und Mooren, Was-

Alte Schwentine in Depenau

Hinweisschild am Ufer des Stolper Sees

serscheiden und undurchdringlichen Waldgebieten, war also weder fest umrissen noch in besonderer Weise befestigt und gesichert wie der süddeutsche römische Limes. Der Chronist Adam von Bremen berichtete um 1073 in seiner Hamburgischen Kirchengeschichte von dem Grenzverlauf, der allerdings keine statische Grenzlinie war, wie Adam behauptete, sondern eher eine offen gestaltete Grenzmark. Die Grenzlinie begann wahrscheinlich bei Boizenburg an der Elbe und folgte den Flüssen Delvenau, Trave und Schwentine bis zur Kieler Förde. Der Limes Saxoniae führte durch weitgehend siedlungsarme Landschaft und wurde nur stellenweise durch einen bewaldeten Ringwall, nicht aber durch Burgen gesichert. Im weiteren Umfeld entstanden auf beiden Seiten der Grenze dennoch Burgen, von denen das Hinterland kontrolliert werden sollte. 825 wurde die Hammaburg/Hamburg an der Elbe als Grenzfestung und Hauptstützpunkt der Franken erbaut.

Aber dieser Limes bot keineswegs einen wirkungsvollen Schutz gegen Überfälle und Eroberungen, denn die Westslawen, die Wenden, hielten sich nicht an diese Grenzziehung. Immer dann, wenn im fränkischen und später deutschen Reich eine politische Krise auftrat und die Reichsgewalt dadurch geschwächt erschien, fielen die Abodriten in das Gebiet westlich der Grenze ein, plünderten und verheerten Dörfer und verschleppten die zum Christentum bekehrten Sachsen. Sie drangen sogar bis Hamburg vor, das sie 1066 und 1072 zerstörten. Weil es aber letztlich Übergriffe in beide Richtungen gab, war der Limes Saxoniae ein fortwährend umkämpftes Grenzland. 1093 besiegte der zum Christentum übergetretene Abodritenfürst Heinrich gemeinsam mit den nordelbischen Sachsen die nichtchristianisierten Slawen, und die Überfälle endeten vorerst. In den so genannten Wendenkreuzzügen ab 1147 bezwang der Welfenherzog Heinrich der Löwe 1160 den Wendenfürsten Niklot, dessen Sohn Pribislaw sich 1167 ebenfalls unterwarf, sich taufen ließ und von dem Sachsenherzog mit einem Lehen belohnt wurde. In der Folgezeit vermischten sich Holsteiner und Slawen. Mit dem Ende des Konflikts zwischen Sachsen und Slawen verlor der Limes Saxoniae seine Bedeutung.

Adresse: Alte Schwentine, 24601 Stolpe-Depenau, Straße Depenau bei der Freiwilligen Feuerwehr Depenau.

An diesem Flusslauf der Alten Schwentine verlief einst der Limes Saxoniae, die Grenze zwischen sächsischem und slawischem Gebiet, die von der Elbe bis zur Kieler Förde reichte. Dieser nicht besonders befestigte Limes orientierte sich vornehmlich an Flussläufen und führte durch undurchdringliche Waldgebiete.

Auf dem ehemaligen Gut Depenau aus dem 16. Jahrhundert wurde einst die berühmte Gräfin Anna Constantia von Cosel, die Mätresse des sächsischen Königs August des Starken, geboren. In Stolpe bietet der Urzeithof mit der größten Fossiliensammlung Norddeutschlands Erdgeschichte zum Anfassen, Am Pfeifenkopf 9, 24601 Stolpe. Ein Wanderweg oberhalb des Stolper Sees, der einen herrlichen Blick auf den See gewährt, startet an der Stolper Schule, Dorfstraße 25, Richtung Mühlenberg. Am Weg zwischen Depenau und Löptin steht noch ein alter Grenzstein aus dem 18. Jahrhundert mit der dänischen Aufschrift „Löptien Gräns", der an die schleswig-holsteinische Zugehörigkeit zum Dänischen Gesamtstaat erinnert.

8

826: ANSGAR-PORTAL IN KIEL – CHRISTLICHE MISSIONIERUNG

Wenn man die Ansgarkirche in Kiel betritt, geht man unter einem Bildnis des Heiligen Ansgar hindurch, auf dem dieser mit Bischofsstab und Bibel dargestellt ist. Mit Ansgar zog das Christentum in Schleswig-Holstein ein. Die Biographie „Vita sancti Ansgarii" aus der Feder seines Nachfolgers Rimbert überlieferte die wichtigsten, wenngleich sicherlich subjektiven Informationen über Ansgar von Bremen (ca. 801–865), den Benediktinermönch und späteren Erzbischof von Hamburg.

Die ersten Bekehrungsversuche in Nordelbien begannen nach den Sachsenfeldzügen Karls des Großen mit dem Ziel, durch die Verbreitung eines gemeinsamen Glaubens die Reichseinheit zu stärken. Karls Nachfolger Ludwig der Fromme beauftragte Erzbischof Ebo von Reims 823 mit einer ersten großen Missionsreise in den Norden.

Frühe Kirchen wurden geweiht. Auch gegen die heftigsten Widerstände in den nordgermanischen Gebieten, in denen man am alten Götterglauben festhalten wollte, wurde die Christianisierung vorangetrieben, auch mit unerbittlicher Gewalt. Ein Name ist unauslöschlich mit der Missionierung Schleswig-Holsteins verbunden: Ansgar. Auf ihn beziehen sich die zahlreichen Ansgarkirchen im Norden. Dieser Benediktinermönch wollte gewaltlos missionieren. Die erste Bekehrungsreise nach Dänemark trat Ansgar 826 an, um das Werk Ebos von Reims fortzusetzen. Zwei Jahre später scheiterte sein Versuch, das Christentum in Haithabu zu festigen. Auf allen seinen Reisen suchte Ansgar den Kontakt zu Königen und Fürsten, denn die Missionierung verlief stets von oben nach unten, das heißt, zunächst über die Könige und Häuptlinge, die anschließend ihre Untertanen zu dem neuen Glauben zwangen. 829 gelang es dem Missionar aufgrund einer Einladung des schwedischen Königs Björn, in der Stadt Birka am Mälarsee unweit von Stockholm die erste Kirche in Skandinavien zu gründen. 834 wurde Ansgar von König Ludwig dem Frommen zum Missionsbischof des neu gegründeten Erzbistums Hamburg

Portal der Ansgarkirche in Kiel

berufen und damit zum Päpstlichen Legaten für Skandinavien, Dänemark und die slawischen Gebiete. In diesem Amt besaß er das Recht, Bischöfe für diese Regionen zu ernennen und Priester mit Missionsaufträgen zu entsenden. Zum Ausgangspunkt für die weitere Christianisierung Nordelbiens wurden damit die Hammaburg und die Stadt Hamburg. Erfolgreich konnte Ansgar viele Kirchen gründen, auch wenn es immer wieder zu Rückschlägen kam wie bei dem Überfall der Wikinger auf Hamburg und durch die Zerstörung etlicher Gotteshäuser.

Nachdem Kaiser Ludwig der Deutsche seinen Protegé Ansgar 847 zum Bischof von Bremen ernannt hatte, wurde im Folgejahr das Erzbistum Hamburg-Bremen gegründet. Nun endlich konnte Ansgar aufgrund einer Erlaubnis König Horiks I. von Dänemark 849 auch eine Kirche in Haithabu weihen. Seine letzten Bekehrungsunternehmungen leitete Ansgar von Bremen aus, das sich nun zum einflussreichsten Missionszentrum entwickelte. Dort starb der „Apostel des Nordens" am 3. Februar 865 nach langer Krankheit. Eigentlich hatte er gehofft, als Märtyrer zu sterben, denn eine visionäre Stimme soll dem Zwanzigjährigen verheißen haben: „Gehe hin! Mit der Krone des Martyriums wirst du zu mir zurückkehren". Aber sein wortmächtiger Biograph Rimbert stilisierte das gesamte Leben des großen Missionars zu einem einzigen Martyrium. Kurz nach seinem Tod wurde Ansgar bereits heiliggesprochen.

Adresse: Ansgarkirche, Holtenauer Straße 91, 24105 Kiel.

Ansgar, der „Apostel des Nordens", trat 826 seine erste Bekehrungsreise an und wurde der einflussreichste Missionar Schleswig-Holsteins. Viele Kirchen in Norddeutschland tragen seinen Namen.

Die Kieler Ansgarkirche, 1901–1908 als neugotische Saalkirche erbaut, liegt an der Holtenauer Straße, einer der attraktivsten Einkaufsmeilen der Stadt. Weitere Kirchen aus der Zeit der Jahrhundertwende sind die ehemaligen Garnisonskirchen der kaiserlichen Marine, die Pauluskirche, Niemannsweg 16, die St.-Heinrich-Kirche, Feldstraße 172, und die Petruskirche, Adalbertstraße 10.

1003: ERIKSTEIN BEI BUSDORF – KÖNIG SVEN GABELBART VON DÄNEMARK

„Thorolf, der Gefolgsmann Svens, errichtete diesen Stein zum Gedenken an seinen Genossen Erik, der den Tod fand, als die Krieger Haithabu belagerten, und er war Steuermann, ein wohl geborener Krieger."
So lautet die Inschrift auf der Nachbildung des Erik-Runensteins von Busdorf. Der Originalstein wird im Wikinger-Museum in Haithabu gezeigt. 1857 wurde er zwischen zwei Grabhügeln, „Tweebargen" genannt, bei Busdorf entdeckt, die nach dem Willen Sven Gabelbarts eine getreue Nachbildung der Grabanlage von Jelling sein sollten, die sein Vater, der große Wikingerkönig Harald Blauzahn, errichtet hatte und die sein Sohn nun an Größe übertreffen wollte. Auch ein zweiter „Svenstein", der Skarthistein, soll an einen Gefolgsmann Sven Gabelbarts erinnern: „Diesen Stein setzte König Sven für seinen treuen Gefolgsmann Skarthi, der nach Westen gefahren war, aber nun fiel bei Haithabu."
Mit diesem Runenstein ehrte der dänische König Sven Gabelbart (um 965–1014) seinen bei Haithabu gefallenen Gefolgsmann Skarthi. Dieser ist als Teilnehmer der Seeschlacht von Hjörungavag an der norwegischen Atlantikküste um 995 bezeugt, in der die Dänen von den Norwegern besiegt wurden. Bevor Sven Gabelbart 1003 mit seinen Männern zur Eroberung Englands aufbrach, sammelte der König seine Truppen in Thorsberg bei Süderbrarup. In einer Schlacht in der Schlei vor Haithabu zwischen dänischen und schwedischen Wikingern fielen wohl Skarthi wie auch Erik.
Weil der dänische König Harald Blauzahn seinen Sohn Sven von der Thronfolge ausschließen wollte, rebellierte dieser um 986 gegen seinen Vater und wagte sogar, ihn zu einem offenen Kampf herauszufordern. Nach einer blutigen Schlacht musste Sven Gabelbart zwar fliehen, aber Harald Blauzahn erlag seiner tödlichen Verletzung. Sven war nun rechtmäßiger König von Dänemark. Das Christentum, das sein Vater nach der Taufe eingeführt hatte, schaffte er wieder ab, vertrieb die christlichen Priester und führte sein Reich zum Heidentum zurück.
Sein Eroberungszug nach England endete mit einem Erfolg. Im Jahr 1013 errang Sven Gabelbart einen entscheidenden Sieg über den englischen König Æthelred II. und krönte sich selbst zum König von England. Allerdings starb er kurze Zeit danach, so dass er als der englische König mit der kürzesten Regierungszeit von nur vierzig Tagen in die Geschichte einging. Auf den dänischen Thron folgten seine Söhne Harald II. und nach dessen Tod 1018 Knut. Dieser Knut der Große (1018–1035) konnte die Reiche England, Schottland und Norwegen vereinigen und sich stolz als König aller Skandinavier und Engländer bezeichnen. Für kurze Zeit schuf er ein nordisches Großreich, das von England über Norwe-

gen und Dänemark bis an die Grenze Schwedens reichte. Knuts Schwiegersohn, der erste deutsche Salierkaiser Konrad II., überließ ihm 1025 darüber hinaus die Mark Schleswig bis zur Eider als Südgrenze Dänemarks. Knuts Gegenleistung war die Anerkennung der geistlichen Oberhoheitsrechte des Erzbischofs von Hamburg-Bremen. Im gleichen Zug führte er das Christentum wieder ein, wohl auch um sich den großen Einfluss der Kirche für die Festigung seiner Königsmacht zu sichern.

Erikstein bei Busdorf

Originalstein im Wikinger-Museum Haithabu

Adresse: Erikstein, Parkplatz Kreisstraße/Ecke Wedelspang, 24866 Busdorf.

Die aufrechtstehenden Runensteine der Wikingerzeit verweisen mit ihren Inschriften auf bedeutende Verstorbene oder Gefallene oder auch auf ihre Erbauer. Sie sind wertvolle historische Quellen wie die beiden so genannten „Svensteine" von Haithabu, die Informationen zu dem dänischen König Sven Gabelbart aus dem 10. Jahrhundert geben.

Der Erikstein bei Busdorf, eine Nachbildung des Originals, steht ganz in der Nähe des Wikinger- Museums in Haithabu, wo der Originalstein und weitere Runensteine sowie Gegenstände aus Haithabu zu betrachten sind, Wikinger-Museum Haithabu, Am Haddebyer Noor 3, 24866 Busdorf. Neben dem Museum beherbergt das Museumsdorf einige rekonstruierte Häuser der Wikingersiedlung Haithabu. In Busdorf steht an der Ecke Alte Landstraße/Am Margarethenwall die Kopie des Skarthisteins, dessen Original ebenfalls im Wikinger-Museum ausgestellt ist.

1066: ANSVERUSKREUZ BEI RATZEBURG – CHRISTLICHER MÄRTYRER

Die Christianisierung des Nordens verlief nicht ohne Rückschläge und Opfer; es gab sogar Märtyrer, die für ihren Glauben starben. Mit einem steinernen Radkreuz aus gotländischem Kalkstein, dem Ansveruskreuz, in Einhaus bei Ratzeburg wird seit dem 15. Jahrhundert des Mönchs Ansverus gedacht, der an dieser Stelle im Jahr 1066 ermordet wurde. Auf der Vorderseite ist eine stark verwitterte Darstellung des gekreuzigten Christus zu sehen, unter dem ein Anbetender kniet. Das aufsteigende Spruchband lautet „miserere mei deus" („Gott, erbarme dich meiner").

Nach strenger christlicher Erziehung trat Ansverus (1038 in Schleswig/Haithabu – 1066 in Ratzeburg), Spross einer reichen und vornehmen sächsischen Familie, mit fünfzehn Jahren in das Benediktinerkloster St. Georg auf dem Berge in Ratzeburg ein, das am Limes Saxoniae, an der Grenze zum slawischen Abodritenreich, lag und die älteste Kirche des Lauenburger Landes besaß. Offensichtlich war er ein engagierter

Bildtafeln im Ratzeburger Dom

Priester, der schon bald zum Nachfolger des Abtes aufstieg, und zeigte großen missionarischen Eifer, der oft zum Erfolg, aber auch immer wieder zu Konflikten mit den heidnischen Slawen führte, die nichts vom Evangelium wissen und nicht von ihrer Verehrung der Göttin Siwa ablassen wollten.
Während des Abodritenaufstandes gegen ihren christlichen Herrscher Gottschalk im Jahr 1066 wurden Kirche und Kloster St. Georg zerstört. Der erst achtundzwanzigjährige Abt Ansverus und seine achtzehn Mönche wurden am 15. Juli gefangen genommen, ins nahe Einhaus verschleppt und dort auf dem Rinsberg gesteinigt. Ansverus erlitt auf eigenen Wunsch als Letzter den Tod, um seinen Mitbrüdern geistlichen Beistand leisten zu können.
Aufgrund seines Märtyrertodes wurde Ansverus 1147 heiliggesprochen. Er wurde zunächst in der Krypta der Kirchenruine St. Georg auf dem Berge beigesetzt, später aber 1170 in den neu errichteten Ratzeburger Dom überführt. Der Chronist Adam von Bremen widmete in seiner Hamburger Kirchengeschichte 1075 den Geschehnissen um den Tod des Märtyrers Ansverus eine eingehende Schilderung. Im Altarraum des Doms zu Ratzeburg präsentieren zwölf Bildtafeln aus vorreformatorischer Zeit Leben und Märtyrertod des Ansverus, der ohne Zweifel einer der frühesten Wegbereiter des Christentums im slawischen Siedlungsraum war.

Ansveruskreuz

Adresse: Ansveruskreuz, Jugendzeltplatz, 23911 Einhaus.

Der Abt Ansverus aus dem Benediktinerkloster St. Georg auf dem Berge in Ratzeburg starb während der Konflikte mit den slawischen Abodriten, die er zu christianisieren versuchte, 1066 den Märtyrertod.

Anstelle der 1066 zerstörten Kirche St. Georg auf dem Berge und ihres Nachfolgebaus wurde Anfang des 13. Jahrhunderts eine schöne Backsteinkirche errichtet, Wedenberg 1, 23909 Ratzeburg. Bildtafeln im nahegelegenen Ratzeburger Dom erzählen ebenfalls die Geschichte des Ansverus. Der Dom gilt als einer der bedeutendsten romanischen Backsteinkirchenbauten Schleswig-Holsteins. Die dreischiffige Basilika besitzt eine opulente Innenausstattung, Domhof 18, 23909 Ratzeburg. Das Kreismuseum Herzogtum Lauenburg befindet sich in dem Herrenhaus der Herzöge von Mecklenburg von 1766, Domhof 12.

1134: VICELINFIGUR IN NEUMÜNSTER – APOSTEL DER SLAWEN

Die Skulptur des heiligen Vicelin aus glänzendem Aluminium goss 1976 Hilmar Friedrich. Der Heilige im Bischofsgewand schwebt mit seitlich ausgestreckten Händen und herabhängenden Füßen über dem Boden und erinnert sowohl an den gekreuzigten als auch an den auferstandenen Christus.

Der in Hameln geborene Vicelin (1090–1154) trat nach mehrjährigem Unterricht an der Paderborner Domschule ab 1118 eine Stelle als Lehrer an der Domschule in Bremen an. Nach einem Studienaufenthalt im französischen Laon beauftragte ihn der Bremer Erzbischof Adalbero 1126, die zum Stamm der Abodriten gehörenden ostholsteinischen Slawen im Raum Lübeck zu missionieren. Im Grenzgebiet zwischen Holsten und Slawen gründete Vicelin 1127 eine Kirche und ein Augustinerkloster, dessen Name „novum monasterium" („neues Kloster/Münster") im Ort Neumünster weiterlebt.

Aufgrund des Rates Vicelins ließ Lothar III. von Supplinburg (1075–1137), seit 1125 König, ab 1133 Kaiser des römisch-deutschen Reiches, den strategisch wichtigen Segeberger Kalkberg befestigen. Unterhalb der wehrhaften „Siegesburg" gründete Vicelin um 1135 eine Kirche und ein Kloster, um das sich in der Folgezeit wie meist bei Klosteranlagen eine Siedlung bildete. Segeberg wurde zum Ausgangspunkt der weiteren Missionstätigkeit Vicelins.

Nach dem Tod Kaiser Lothars III. 1137 gelang es dem sächsischen Herzog Heinrich dem Löwen, sein Herzogtum nach Osten zu erweitern. Er rief den während der Auseinandersetzungen zwischen Welfen und Staufern von Lothars Nachfolger Konrad III. vertriebenen Adolf II. von Schauenburg 1142 als Grafen von Holstein zurück. Das gab der Slawenmission Vicelins neuen Anschub und ermöglichte ihm, viele weitere Kirchen zu gründen. Er wurde einer der „Kirchenväter" Nordelbiens. 1149 endlich verlieh Heinrich der Löwe Vicelin die Bischofswürde des Wagrierbistums Oldenburg. Nach schwerer Krankheit infolge mehrerer Schlaganfälle starb der „Apostel der Wagrier" am 12. Dezember 1154 in Faldera und wurde über einhundertfünfzig Jahre später heiliggesprochen.

An der St.-Petri-Kirche in Bosau, einem der Ausgangspunkte für Vicelins Missionstätigkeit, verfasste der Priester Helmold zwischen 1167 und 1172 eine Chronik in lateinischer Sprache, die „Chronica Slavorum" (Slawenchronik), eine der bedeutendsten norddeutschen Schriftquellen aus dem 12. Jahrhundert. Darin beschrieb er die Besiedlung in Ostholstein (Wagrien), Mecklenburg, Brandenburg, Pommern und Skandinavien sowie die Missionierung der Slawen seit der Zeit Karls des Großen. Helmold charakterisierte darin auch die Persönlichkeit, das Leben und den Missionskampf seines verehrten Lehrers Vicelin. Im Holsteinischen stehen zahlreiche Kirchen, oft alte Feldsteingebäude, die von Vicelin gegründet wurden, zum Beispiel in Segeberg, Bornhöved, Bosau, Ratekau, Bad Schwartau und Bad Oldesloe. Gotteshäuser mit dem Namen Vicelin gibt es in Lübeck, Norderstedt, Hamburg, Kiel und Neumünster.

Skulptur des heiligen Vicelin

Adresse: Eduard-Müller-Haus, Linienstraße 3, 24534 Neumünster.

Vicelin war im 12. Jahrhundert der maßgebliche Missionar im slawischen Ostholstein. Er gründete 1127 das Augustinerkloster Neumünster, von dem aus er seine Bekehrungstätigkeit entfaltete und zahlreiche Kirchen in Holstein erbauen ließ.

In der Nähe befindet sich die beeindruckende Vicelinkirche, Hinter der Kirche 1, 24534 Neumünster. Der dänische Architekt Christian Frederik Hansen entwarf 1829 diesen bedeutendsten klassizistischen Kirchenbau Schleswig-Holsteins. Als zweite große evangelische Kirche der Stadt wurde 1913 die nach dem Bischof Ansgar benannte Anscharkirche eingeweiht, Christianstraße 11. Lohnend ist ebenfalls ein Besuch des Museums Tuch und Technik, Kleinflecken 1, 24534 Neumünster, oder des Skulpturenparks der Herbert-Gerisch-Stiftung, Brachenfelder Straße 69, 24536 Neumünster.

1143: BILDFENSTER IM RATZEBURGER DOM – BESIEDLUNG HOLSTEINS

Das 1895 entstandene Glasfenster von Anton Gangloff und Josel Schmidt an der Westwand des Ratzeburger Doms zeigt den Welfenherzog Heinrich den Löwen und seine Gemahlin Mathilde. Der Herzog hält ein Kirchenmodell in der Hand, das daran erinnert, dass er ab 1165 den Dom erbauen ließ.

Die hochmittelalterliche Geschichte Holsteins setzte 1143 ein, als Herzog Heinrich der Löwe (1129–1195) das slawische Wagrien dem Grafen Adolf II. von Schauenburg als Lehen übertrug, der Siedler aus Westfalen und Niedersachsen ins Land holte. Ähnlich verfuhr er mit dem vom slawischen Stamm der Polaben besiedelten Lauenburger Territorium. Der Welfenherzog gilt gemeinhin auch als Gründer Lübecks, das er allerdings 1159 in Wahrheit zum dritten Mal gründete, nachdem die Stadt 1157 nahezu vollständig Opfer einer Brandkatastrophe geworden war. Ursprünglich sah Herzog Heinrich die Stadt vor allem als Konkurrenz seiner eigenen nahen Stadtgründungen Bardowick bei Lüneburg und Löwenstadt an der Wakenitz.

Nun aber begann er, Lübeck wieder aufzubauen und den Fernhandel der Stadt zu fördern. 1160 verlegte er den Bischofssitz von Oldenburg nach Lübeck und weihte 1163 den ersten Bau des Lübecker Doms ein. Bei dieser Gelegenheit verlieh der Herzog der Stadt das Stadtrecht, das als Lübisches Stadtrecht Vorbild für alle holsteinischen und viele weitere norddeutsche Städte wurde. Lübeck erhielt das Privileg der Selbstverwaltung durch einen Rat sowie das Recht, die innere Ordnung selbstständig zu regeln und nach dem Rechtsgrundsatz „Stadtluft macht frei" zu verfahren, demzufolge jeder Unfreie nach einem Jahr die persönliche Freiheit als Bürger der Stadt, auch über sein Eigentum, erlangen konnte.

Der Herzog, immer in Konkurrenz zum Stauferkaiser Friedrich Barbarossa, war stets bestrebt, seinen Machtbereich in Norddeutschland und Schleswig-Holstein zu vergrößern und auch große Teile des slawischen Abodriten-Reiches in Wagrien und Mecklenburg-Vorpommern zu erobern, dessen vollständige Inbesitznahme ihm jedoch erst 1160 gelang. Der gemeinsame Kampf gegen die Slawen vereinte den Sachsenherzog und den dänischen König Waldemar I. den Großen (1131–1182) zunächst. Mit ihrer großen Heeresmacht besiegten sie den Slawenfürsten Niklot, den letzten bedeutenden Abodritenherrscher. Der Streit um Gebietsansprüche in Vorpommern aber machte aus den einstigen Verbündeten rasch Rivalen. Als die Söhne Niklots Wratislaw und Pribislaw den Widerstand der Abodriten wieder entfachten, erneuerten der Sachsenherzog und der dänische König ihr Bündnis. Im Verlauf der verlustreichen entscheidenden Schlacht 1164 fiel Graf Adolf II. von Schauenburg. Das besiegte Abodritenland wurde unter Herzog Heinrich und König Waldemar aufgeteilt. Nun aber änderte der Herzog seine Slawenpolitik radikal und gab dem Abodri-

Bildfenster im Ratzeburger Dom

Löwenskulptur vor dem Dom

tenfürsten Pribislaw sein Land als Lehen zurück. 1171 kam es auch zum endgültigen Friedensschluss zwischen Sachsen und Dänen, der durch die Verehelichung von Gertrud, Heinrichs Tochter, mit dem erst achtjährigen Knut, dem Sohn Waldemars des Großen, bekräftigt wurde. Die politische Lage in Nordalbingien war damit grundlegend geklärt und befriedet.

Das Reich Heinrichs des Löwen reichte von der Eidergrenze bis zum Harz und umfasste auch Bayern und die Toskana. Die unumschränkte Herrschaft in seinem Herzogtum und seine nahezu königliche Machtfülle steigerten das Selbstbewusstsein des Herzogs ins Unermessliche und führten zu einer gefährlichen Gegnerschaft zu Kaiser Friedrich Barbarossa. Der Kaiser verhängte schließlich über den langjährigen Widersacher die Reichsacht, so dass dieser 1182 ins Exil nach England gehen musste. 1194 wurde er zwar rehabilitiert und erhielt Teile seines Besitzes zurück, starb jedoch ein Jahr später in seiner Residenzstadt Braunschweig. Das Wappentier des Welfenherzogs, der Löwe, steht als Bronzestatue nicht nur in Braunschweig und Goslar, sondern auch vor den Domen in Lübeck und Ratzeburg. Diese monumentalen Kirchenbauten wurden zu imponierenden Symbolen für das Selbstbewusstsein der christlichen Ostkolonisation.

Adresse: Bildfenster mit Heinrich dem Löwen, Dom, Domhof 18, 23909 Ratzeburg.

Heinrich der Löwe war nicht nur der Gründer Lübecks und der Stifter des Ratzeburger Doms, sondern als Lehnsherr der Grafen von Schauenburg von erheblicher Bedeutung für die Besiedlung Holsteins. Im gemeinsamen Kampf gegen die Slawen verbündete er sich mit dem dänischen König Waldemar I. dem Großen.

An den großen Sachsenherzog erinnert außer dem Glasfenster im Dom auch die Löwenskulptur vor der Kirche. Der Dom ist als herausragendstes Beispiel des Landes für romanische Backsteinkirchen äußerst sehenswert. In Ratzeburg bieten das A. Paul Weber-Museum, Domhof 5, und das Barlachmuseum, Barlachstraße 3, interessante Ausstellungen der Werke dieser beiden bedeutenden Künstler. Ebenfalls lohnend ist eine Schifffahrt über den großen Ratzeburger See, Schlosswiese 6.

1163: WALDEMARSMAUER DES DANEWERKS – BOLLWERK DÄNEMARKS NACH SÜDEN

Gegenwärtig ist sie nur noch eine Ruine. Dabei galt die so genannte Waldemarsmauer einmal als der größte und älteste säkulare Ziegelbau in Nordeuropa, ein dreieinhalb Kilometer langer Erdwall mit vorgesetzter Ziegelsteinmauer als ein Teil des Danewerks. Die ursprüngliche Mauer war fast fünf Meter hoch und zwei Meter breit. Sie wurde durch einen breiten Erdwall an der Rückseite gestützt. Stützpfeiler sollten der Mauer zusätzliche Stabilität verleihen.

Danewerk

Der Schutzwall Danewerk oder dänisch Danevirke bildete seit dem siebenten Jahrhundert die südliche Grenze des Königreichs Dänemark. Indem der Wall die Handelsstadt Haithabu an der Schlei mit Hollingstedt und der Treene verband, diente er zugleich der Sicherung des bedeutenden Handelsweges zwischen Nord- und Ostsee. Um 700 wurde ein erster großer Ausbau vorgenommen, ein weiterer im Jahr 737. Im Kampf gegen Karl den Großen ließ der dänische König Göttrik an der Grenze seines Reichs das Danewerk weiter befestigen. Während der Wikingerzeit wurde der Wall im 10. Jahrhundert verstärkt und an den Ringwall von Haithabu angeschlossen. König Waldemar I. der Große von Dänemark (1131–1182) gab 1163 den Bau einer massiven Mauer aus Ziegelsteinen, einem völlig neuartigen Baumaterial in Nordeuropa, zur Verstärkung des Hauptwalls in Auftrag, um sein Land gegen Überfälle der Sachsen und Slawen zu sichern. Waldemar I. und auch sein Sohn Waldemar II. mussten sich nach langen Bürgerkriegsjahren nicht nur gegen Gegner im Inneren durchsetzen, sondern auch gegen äußere Feinde wie die slawischen Abodriten kämpfen. Der Bau der Waldemarsmauer ist eine Reaktion auf diese militärischen Herausforderungen.

Nachdem das Danewerk im Laufe des 13. Jahrhunderts zunehmend an Bedeutung verlor, erfüllte auch die Waldemarsmauer nicht mehr die ihr zugedachte Funktion und diente eher als Steinbruch. Zurück blieb die gegenwärtige Ruine.

Waldemarsmauer

Adresse: Waldemarsmauer des Danewerks, Ochsenweg 5, 24867 Dannewerk.

König Waldemar I. der Große von Dänemark ließ 1163 eine massive Mauer aus Ziegelsteinen erbauen, die der Verstärkung des Danewerks dienen sollte, des großen dänischen Schutzwalls gegen Feinde aus dem Süden.

Die Reste der Waldemarsmauer liegen in der Nähe des Danewerkmuseums (Danevirke Museum), das die Geschichte des Walls von der Wikingerzeit bis zum Deutsch-Dänischen Krieg 1864 dokumentiert. Das Museum soll zukünftig eine Renovierung und Erweiterung erfahren, Ochsenweg 5.
Im Außengelände lädt der Archäologische Park Danewerk ein zur Besichtigung des Hauptwalls und einer der Kanonenschanzen von 1864 (Schanze 14) sowie des Plateaus der ehemaligen Thyraburg an der Rückseite des Hauptwalls. Der Name geht auf Königin Thyra Danebod zurück, Ehefrau von König Gorm und Mutter von König Harald Blauzahn (10. Jahrhundert). Die Region Dannewerk ist ein wahres Wanderwege-Paradies mit 16 verschiedenen und abwechslungsreichen Wandervorschlägen.

14

1227: GEDENKSTEIN BORNHÖVED – SCHLACHT VON BORNHÖVED

Ein Gedenkstein auf dem Adolfplatz in Bornhöved erinnert an eine Schlacht, in der das Schicksal Schleswig-Holsteins eine entscheidende Wendung nahm. Wild entschlossen, seine Grafschaft Holstein zurückzugewinnen, wagte 1225 der erst zwanzigjährige Graf Adolf IV. von Schauenburg (1205–1261) den Kampf gegen den alten dänischen König Waldemar II. den Sieger (1170–1241), dem sein Vater, Graf Adolf III. (1160–1225), die Grafschaft hatte überlassen müssen.
1164 war Adolf III. von dem Welfenherzog Heinrich dem Löwen und nach dessen Sturz erneut von Kaiser Friedrich I. Barbarossa mit der Grafschaft Holstein und Stormarn belehnt worden. Sein Besitz aber wurde nach der Schlacht bei Stellau 1201 vom dänischen König annektiert, der den Grafen gefangennahm und ihn 1203 zum Verzicht auf die Grafschaft zwang. Adolf III.

Gedenkstein auf dem Adolfplatz in Bornhöved

zog sich auf seinen Stammsitz Schauenburg an der Weser zurück. Diese Schande wettzumachen und die Herrschaft über die Grafschaft wieder zu erlangen, war das ehrgeizige Ziel des jungen Grafen, der in seiner Kindheit als Geisel in Dänemark hatte leben müssen. 1225 schien der Augenblick für Graf Adolf IV. gekommen. Er hatte bereits in mehreren Schlachten gegen die Lehnsmänner des dänischen Königs, auch gegen den als Herrscher in Holstein eingesetzten Grafen Albrecht von Orlamünde, erfolgreich gekämpft. In der Schlacht von Bornhöved am 22. Juli 1227, dem Tag der Heiligen Maria Magdalena, kam es zur Entscheidung: Adolf führte das Heer der verbündeten Fürsten Norddeutschlands erfolgreich gegen die dänischen Truppen König Waldemars. Die Schlacht entschied nicht nur über das Schicksal Adolfs IV., sondern auch des ganzen Landes. Da die dänische Vormachtstellung zusammengebrochen war, erhielt Adolf IV. seine Grafschaft zurück. Seitdem blieb Holstein, das Land südlich von Eider und Schlei bis zur Elbe, dem deutschen Kaiser unterstellt, der es als Lehen vergab. Für das Herzogtum Schleswig blieb der dänische König der Lehnsherr. Um den Frieden und zugleich seinen Herrschaftsanspruch zu sichern, verheiratete Adolf IV. seine Tochter Mechthild mit Herzog Abel von Schleswig, einem Sohn König Waldemars.

Im Zusammenhang mit der Schlacht bei Bornhöved wurde immer wieder von einem Marien-Mirakel gesprochen. Den Soldaten Adolfs schien die Sonne derart in die Augen, dass sie kaum kämpfen konnten. Mit seiner Bitte an die Heilige Maria Magdalena um den Sieg in der Schlacht legte Adolf ein Gelübde ab. Als sich daraufhin eine Wolke vor die Sonne schob, drehte sich der Verlauf der Schlacht zugunsten des norddeutschen Heeres. Gemäß seinem Gelübde dankte Adolf IV. viele Jahre später nach seiner Rückkehr von einem Kreuzzug nach Livland 1239 als Herzog ab und trat in das von ihm gegründete Kieler Marienkloster der Franziskaner ein. Auf einer Pilgerfahrt nach Rom 1244 bat er um Absolution für seine weltlichen Taten. Der Zurückgekehrte empfing vom Lübecker Bischof die Priesterweihe. Seine letzten Lebensjahre verbrachte der Mönch Adolf im Kieler Kloster, wo er am 8. Juli 1261 starb.

Nach seinem Tod teilten sich seine Söhne Johann I. und Gerhard I. die Grafschaft Holstein und leiteten die Zeit der vielfältigen Landesteilungen unter ihren Nachkommen ein. Bereits um 1300 regierten nebeneinander fünf Schauenburger Grafenlinien, nach ihren Burgen benannt als Kieler, Plöner, Segeberger, Pinneberger und Rendsburger Linie.

Adresse: Gedenkstein Bornhöved, Adolfplatz, 24619 Bornhöved.

In dr Schlacht von Bornhöved gewann Graf Adolf IV. von Schauenburg im Kampf gegen den dänischen König Waldemar II. 1227 seine Grafschaft zurück.

Auf demselben Platz wie der Gedenkstein liegt ein Stein zur Erinnerung an die Schlacht auf den Sventanafeld 798. Neben dem Adolfplatz kann die Vicelinkirche St. Jacobi, eine Feldsteinkirche aus dem Jahr 1150, besichtigt werden. Der Königsberg (Kongsberg) ist ein jungsteinzeitliches Hügelgrab westlich von Bornhöved. Die Anhöhe von einigen Metern soll 1227 in der Schlacht dem dänischen König Waldemar II. als Feldherrenhügel gedient haben. Ein Gedenkstein weist darauf hin.

1242: BILDNIS GRAF ADOLFS IV. – GRÜNDUNG DER STADT KIEL

Das Bildnis Graf Adolfs IV. von Schauenburg von Hans Olde in der Kieler Nikolaikirche ist dem Gründer der Stadt Kiel und Stifter der Nikolaikirche gewidmet. Tatsächlich gründete Graf Adolf IV. seine Stadt Kiel und zugleich ein Franziskanerkloster wohl schon um 1233. Da Graf Johann I., Adolfs Sohn, der Stadt Kiel aber erst 1242 das lübische Stadtrecht verlieh, galt dieses Jahr fortan als Gründungsjahr.

Nach der Schlacht bei Bornhöved am 22. Juli 1227, in der ein Heer der verbündeten Fürsten Norddeutschlands unter Graf Adolfs Führung das dänische Heer besiegen konnte und in der er die Herrschaft über sein Stammland, die Grafschaft Holstein, zurückgewann, die sein Vater an den dänischen König Waldemar II. verloren hatte, machte sich Adolf IV. daran, seine Herrschaft in der Grafschaft zu sichern, indem er zu einem bewährten Mittel griff: Er gründete Städte und Klöster, zum Beispiel 1235 Oldenburg und 1238 Itzehoe.

Bildnis Graf Adolfs IV. von Schauenburg, Gemälde um 1911

Das Herrschaftsgebiet Graf Adolfs stieß im Norden an das Königreich Dänemark. Östlich der Schwentine grenzte es an slawisches Gebiet hinter dem Limes Saxoniae. An der Kieler Förde erkannte der junge Graf eine hervorragende Möglichkeit für die Anlage eines sturmsicheren Tiefwasserhafens, mit dem er den Zugang zur Ostsee erlangte und einen Ausgangspunkt für seinen Ostseehandel gewann, durchaus auch im Sinne einer Konkurrenz zur mächtigen Hansestadt Lübeck.

Die Vorgängersiedlung aus dem 12. Jahrhundert ließ Graf Adolf überformen und legte auf dieser flutsicheren Halbinsel auf einem flachen Moränenhügel im Jahr 1233 eine Stadt an, die er „Civitati Holsatiae", also „Stadt Holsteins bzw. der Holsten" taufte. Als zum Stadtgebiet gehörig wurde „totum stagnum Kyl", „der ganze See Kyl", bezeichnet, womit die Förde und der Kleine Kiel gemeint waren. Weil die Förde wie ein Keil weit ins Land hineinragte, verkürzte man im allgemeinen Sprachge-

brauch bald den Namen der Stadt zu „tom Kyle“ oder in der Folge zu „Kiel“. In Urkunden wurde der lateinische Name „Chilonium“ verwendet.
Die planmäßig angelegte Siedlung kann aufgrund ihres Grundrissschemas als Musterbeispiel für eine Stadtgründung im Rahmen der mittelalterlichen deutschen Ostkolonisation gelten. Kennzeichnend sind das Schachbrettmuster mit dem doppelten Straßenkreuz und der rechteckige zentrale Marktplatz mit dem Rathaus und der benachbarten St. Nikolaikirche, deren Bau kurz nach der Stadtgründung begonnen wurde. Da Kiel nahezu vollständig von Wasser umflossen war, von der Förde auf der einen und vom Kleinen Kiel auf der anderen Seite, war lediglich eine schmale Landenge im Norden durch eine Burg zu sichern. Mit ihren 1.800 Einwohnern war Kiel die nördlichste Stadt im Heiligen Römischen Reich.

Bronzestatue Adolfs IV.

Adolf IV. legte am 13. August 1239 die Herrschaft in die Hände seines Sohnes Johann I. und trat selbst als Mönch in das Franziskanerkloster zu Kiel ein. Als „Bruder Adolf“ lebte er dort bis zu seinem Tod am 8. Juli 1261. Sein Grabstein mit gotischer Inschrift ist noch heute im Kreuzgang des ehemaligen Klosters zu sehen.

Adresse: Bildnis Graf Adolfs IV., Nikolaikirche, Alter Markt, 24103 Kiel.

Graf Adolf IV. von Schauenburg gründete um 1233 die Stadt Kiel. Das Stadtrecht erlangte Kiel aber erst im Jahr 1242, das seither als Gründungsdatum gilt. Graf Adolf lebte als Mönch bis zu seinem Tode in dem von ihm gestifteten Franziskanerkloster zu Kiel.

Die Kieler Nikolaikirche am Alten Markt im Stadtzentrum ist das älteste Gotteshaus der Stadt im gotischen Backsteinstil. Nach schweren Zerstörungen im Zweiten Weltkrieg wurde sie in einfacherer Form wiederaufgebaut. Nicht weit vom Alten Markt steht das ehemalige Kieler Kloster, vor dem eine Bronzestatue Adolfs IV. des Künstlers Karl-Henning Seemann errichtet ist, die den Grafen zeigt, wie er eine Mönchskutte über seine Ritterrüstung anzieht. Seinen Grabstein kann man im Kreuzgang betrachten. Im Garten des Stadtklosters zeigt ein Bronzerelief den Grundriss der mittelalterlichen Stadt, Klosterkirchhof 2-6. In der anschließenden Dänischen Straße befindet sich der älteste Profanbau der Stadt, das Adelspalais Warleberger Hof mit dem Stadtmuseum, Dänische Straße 19.

1251: BRONZETEUFEL VOR DER ST.-MARIEN-KIRCHE IN LÜBECK – BACKSTEINGOTIK IN NORDDEUTSCHLAND

Die verschmitzt lächelnde kleine Teufelsfigur an der Südfassade der Lübecker Marienkirche, eine Bronzeplastik des Bildhauers Rolf Goelers aus dem Jahr 1999, ruft eine Sage um den Bau des Gotteshauses ins Gedächtnis, der zufolge der Teufel in dem Glauben, es werde ein Wirtshaus errichtet, bei der aufwändigen Bautätigkeit geholfen haben soll. Den Zeitgenossen der Bauzeit mag es tatsächlich vorgekommen sein, dass bei diesem herausragenden monumentalen Gebäude nur der Teufel die Hand im Spiel gehabt haben konnte.

Teufelsfigur vor der Lübecker Marienkirche

Der Vorgängerbau der Marienkirche zu Lübeck aus dem Jahr 1163, kurz nach der Gründung der Stadt Lübeck 1143 durch Graf Adolf II. von Schauenburg, war ein Holzbauwerk, wie die meisten Kirchen im nördlichen Europa bis ins hohe Mittelalter. Dieses erste Gotteshaus wurde errichtet, nachdem 1160 Heinrich der Löwe das Bistum Oldenburg nach Lübeck verlegt hatte. Einhundert Jahre später wurde es durch eine erste Backsteinkirche im Stil der Romanik ersetzt. Ihr Reichtum veranlasste die Lübecker Bürgerschaft, den Plan für eine steinerne Kirche umzusetzen. Allerdings gab es keine brauchbaren Natursteinvorkommen in der Umgebung. Stattdessen nutzten die Baumeister ein Naturprodukt, das es reichlich gab, tonhaltigen Lehm, aus dem man einfach und preisgünstig harte und widerstandsfähige Ziegel brennen konnte. Die Backsteinkirche war geboren, die aber auf besondere Verzierungen wie die Figuren und Plastiken an den Sandsteinkirchen verzichten musste. Im beginnenden 13. Jahrhundert genügte auch diese Kirche nicht mehr den Anforderungen des wirtschaftlich starken Bürgertums, so dass im Jahr 1251 mit dem Bau eines neuen Gebäudes begonnen wurde, wieder mitten im Kaufmannsviertel und in direkter Nachbarschaft des Rathauses und des Marktes als Symbol der selbstbewussten Bürgerschaft. Der neue Kirchenbau sollte vor allem den von Heinrich dem Löwen gestifteten Dom des Bistums Lübeck an Größe und Pracht übertreffen.

Der Bau der gotischen Kirche sollte einhundert Jahre dauern bis 1351. Nie zuvor hatte man eine Backsteinkirche so hoch errichtet und mit einem Gewölbe abzuschließen gewagt. Das System der Strebebögen, das die Schubkräfte des Gewölbes nach außen lenkte, ermöglichte die atemberaubende Höhe. Es entstand ein gewaltiges Gotteshaus, dessen Mittelschiff 38,5 Meter hoch war. Weltrekord für eine Backsteinkirche. Die Kirche erreicht eine Länge von 102 Metern. Die Türme ragen 125 Meter in die Höhe.

Auch wenn die Marienkirche zu Lübeck nicht die erste Backsteinkirche war, gilt sie doch als die „Mutterkirche der norddeutschen Backsteingotik". Nach ihrem Vorbild wurden mehr als siebzig Kirchen im Raum der Hanse gebaut.

Strebebögen an der Marienkirche

Adresse: Teufelsfigur vor der St. Marienkirche, Marienkirchhof 1, 23552 Lübeck.

Die Lübecker Marienkirche, deren Bau 1251 begonnen und 1351 vollendet wurde, ist ein Musterbeispiel für die norddeutsche Backsteingotik und Vorbild für viele Kirchen im Ostseeraum. Das Innere des Gotteshauses zeichnet sich durch eine reiche Ausstattung aus.

Von der Kirche sind es nur wenige Schritte bis zum berühmten Rathaus und ins Stadtzentrum der alten Hansestadt. Ihr gegenüber findet sich das Buddenbrookhaus der Kaufmannsfamilie Mann, aus der die Schriftsteller Thomas und Heinrich Mann hervorgegangen sind, Mengstraße 4. Seit 1987 steht die Altstadt Lübecks in der Welterbeliste der UNESCO.

1326: GERHARDSBRUNNEN – ERSTE VEREINIGUNG SCHLESWIGS UND HOLSTEINS

Gerhardsbrunnen auf dem Schlossplatz in Rendsburg

Der 1881 gestaltete neugotische, gusseiserne Gerhardsbrunnen erinnert an den Grafen Gerhard III. von Holstein-Rendsburg, der Rendsburg 1339 das „Große Stadtprivileg" verlieh und ausgehend von dieser Residenzstadt der Schauenburger Grafen seinen Machtbereich regierte.

Nach dem Tod seines Vaters 1304 wurde Gerhard III. (1293–1340) Graf von Holstein-Rendsburg und beherrschte den größten Teil Holsteins, wogegen sein Cousin Johann III. die Grafschaft von Holstein-Kiel sein Eigen nannte. Die anderen Gebiete Holsteins gehörten verschiedenen Cousins und wiesen aufgrund zahlreicher Erbteilungen eine erhebliche Zersplitterung auf. Nach harten Auseinandersetzungen mit ihren Verwandten gelang es den Cousins Gerhard und Johann, auch den Landesteil Holstein-Segeberg unter sich aufzuteilen.

Nachdem er 1319 und 1321 erfolglos versucht hatte, die Bauernrepublik Dithmarschen zu unterwerfen, war das ehrgeizige Ziel Gerhards III. nun, Einfluss auf die Politik im Königreich Dänemark zu gewinnen. Als Führer einer Vereinigung von Aufständischen konnte er nach der Schlacht am Hesterberg bei Schleswig den dänischen König Christoph II. vom Thron vertreiben. Tatsächlich gelang es ihm 1326, seinem erst elf Jahre alten Neffen Waldemar III., dem Sohn des kurz zuvor verstorbenen Herzogs

Erich II. von Schleswig, zur dänischen Krone zu verhelfen. Als Vormund Waldemars war Gerhard nach diesem Schachzug praktisch Regent von Dänemark. Er veranlasste seinen Neffen, ihm am 15. August 1326 das Herzogtum Schleswig zum Lehen zu geben. Damit war zum ersten Mal ein holsteinischer Graf zugleich Herzog von Schleswig, und Gerhard konnte erstmalig Schleswig und Holstein in einer Hand vereinen. Er zwang Waldemar dazu festzulegen, dass das Herzogtum Schleswig nicht mehr vom gleichen Herrscher wie Dänemark regiert werden sollte (constitutio valdemariana). Bereits vier Jahre später wurde Waldemar wieder vom Thron vertrieben, weil er im Kampf gegen König Christophs Söhne unterlag.

1331 versuchte Christoph II., die Krone zurückzuerobern, in der Schlacht auf der Lohheide aber wurde er von Gerhard III. besiegt und gefangen genommen. Nach dem Tod König Christophs im Jahr 1332 eignete sich Graf Gerhard die Regentschaft über Jütland und Fünen an und überließ seinem Cousin Johann die restlichen Landesteile. Im dänischen Reich formierte sich Widerstand gegen diese feindliche Okkupation. Aufstände gegen Gerhard und die verhasste schauenburgische Herrschaft wurden angezettelt, die darin gipfelten, dass Gerhard III. 1340 in Randers, wo er sich von einer schweren Krankheit erholen wollte, von dem fanatischen jütischen Ritter Niels Ebbesen ermordet wurde. Gerhards Söhne Heinrich II. und Klaus übten zwar grausame Rache an dem Mörder, gaben aber ihre Ansprüche auf den dänischen Thron auf und blieben Grafen von Holstein-Rendsburg.

Da man in Gerhard III. eine der bedeutendsten Persönlichkeiten des Landes zu erblicken glaubte, wurde ihm der Beiname „de groote Gert" (Gerhard der Große) verliehen. In die dänische Geschichte ging Gerhard hingegen nicht als „der Große", sondern als „den kullede greve", der kahlköpfige Graf, ein. Nach Gerhard III. sind die Gerhardstraßen in Kiel und Rendsburg benannt.

Adresse: Gerhardsbrunnen, Schlossplatz, 24768 Rendsburg.

Der Gerhardsbrunnen erinnert auf seiner Inschrift an Graf Gerhard III. von Holstein-Rendsburg, der 1326 Herzog von Schleswig wurde und damit erstmalig Schleswig und Holstein in einer Hand vereinen konnte. Auf dem Schlossplatz befand sich die ehemalige Rendsburger Burg. 1760 wurde an dieser Stelle das Heilig-Geist-Spital errichtet.

Der Rendsburger Neustadt, dem so genannten Neuwerk, dem Paradeplatz mit dem Arsenal und der klassizistischen Christuskirche sowie dem Jüdischen Museum in der Prinzessinstraße 7 sollte ein Besuch abgestattet werden.

1350: TOTENTANZFENSTER IN DER LÜBECKER MARIENKIRCHE – PEST

Die zwei Totentanzfenster von Alfred Mahlau aus den Jahren 1955–1956 nehmen die Motive des historischen Totentanzfrieses Bernt Notkes auf. Am unteren Rand der beiden zwölf Meter hohen Fenster wird das brennende Lübeck von 1942 gezeigt. Unter dem Totentanzfenster fügte der Künstler Markus Lüpertz 2002 ein halbrundes Tympanonfenster über dem Nordportal der Totentanzkapelle hinzu.

Für die Menschen des Mittelalters war der Tod allgegenwärtig. Er gehörte angesichts der vielen Hungersnöte, Kriege und Seuchen zum Leben dazu. Dieser Gedanke kam in den bildlichen Darstellungen von Totentänzen zum Ausdruck. Unter dem Eindruck der Pestkatastrophen in Lübeck schuf der Maler und Bildhauer Bernt Notke (1435–1509) um 1463 für die Marienkirche in Lübeck den Bildfries „Lübecker Totentanz". Auf diesem etwa dreißig Meter langen Bild vor der Stadtkulisse Lübecks führte der Tod die Menschen ins Jenseits, dem gesellschaftlichen Rang entsprechend zuerst den Papst und den Kaiser und ihnen folgend die Angehörigen weiterer Gesellschaftsschichten, wie Kardinal, König, Bischof, Herzog, Abt, Ritter bis zu Kaufmann, Bauer, jungem Mädchen und dem Kind in der Wiege. Das Gemälde, das sich in einer Kapelle der Marienkirche in zwei Metern Höhe befand, wurde mit der Zerstörung der Marienkirche 1942 vernichtet.

Totentanzfenster von Alfred Mahlau

Die Mitte des 14. Jahrhunderts konfrontierte die Menschen mit einer bis dahin unbekannten Seuche, der Pest, die mit Fieber und schwarzen Beulen am Körper begann und mit dem Tod endete. Niemand wusste, wie diese Krankheit entstand oder wie man sie bekämpfen konnte. Weder die üblichen Heilmittel wie Aderlass, Brechmittel oder Einläufe noch schützende Masken oder gar Gebete zum Pestheiligen Sebastian halfen. Die ansteckende Pesterkrankung wurde wahrscheinlich durch Flöhe oder Nagetiere, vor allem Ratten, übertragen, aber auch die mangelhaften hygienischen Verhältnisse in den Städten wie auf dem Lande begünstigten die Ausbreitung.

In kurzer Zeit verbreitete sich die Pest von Italien ausgehend über ganz Europa und erreichte um 1349 Deutschland. Auch in Schleswig-Holstein wütete die Seuche ab 1350 und führte zu einer Entvölkerung und Verödung des Landes mit entsprechenden wirtschaftlichen und sozialen Folgen. Der Schwund an landwirtschaftlichen Arbeitskräften bewirkte eine massive Agrarkrise. Unzählige Höfe und Dörfer wurden aufgegeben; das wüst liegende Land wurde von den Adeligen in Besitz genommen, die damit ihre Gutsbezirke erheblich vergrößerten. Man schätzt, dass etwa 400.000 Menschen in Schleswig-Holstein, vierzig Prozent der Gesamtbevölkerung, von dem „schwarzen Tod" dahingerafft wurden. In den schleswig-holsteinischen Städten sollten Pestordnungen Maßnahmen gegen die Seuche in Gang setzen: Es wurden Marktverbote, die Einrichtung von Quarantänestationen für Reisende, die Isolation der Erkrankten und Vorschriften für Beerdigungen erlassen.

Mangels anderer Erklärung vermuteten viele in der Pest eine Strafe Gottes für die sündhaften Menschen. Andere suchten dagegen nach einem Sündenbock für die Katastrophe; schnell war er gefunden – in der jüdischen Bevölkerung, die man verdächtigte, die Brunnen vergiftet und so die Pest verursacht zu haben. In grauenvollen Pogromen wurden unzählige unschuldige Juden ermordet.

Tympanonfenster von Markus Lüpertz

Adresse: Totentanzfenster, Marienkirche, Marienkirchhof 1, 23552 Lübeck.

Das Totentanzfenster in der Marienkirche nimmt das Motiv des Bildfrieses Lübecker Totentanz des Malers und Bildhauers Bernt Notke, das dem Zweiten Weltkrieg zum Opfer fiel, auf und gemahnt an die Pestepidemie, die um 1350 ganz Europa und auch Schleswig-Holstein heimsuchte und hierzulande wahrscheinlich 400.000 Menschen dahinraffte.

Im Lübecker Dom sind andere Werke des Bildschnitzers Notke zu bewundern, der Lettner und die Triumphkreuzgruppe von 1477. Die Marienkirche bietet darüber hinaus viele Schätze und ist nur einige Schritte vom historischen Rathaus am Marktplatz und vom Buddenbrookhaus, Mengstraße 4, entfernt. Lohnend ist eine Erkundung der unzähligen Gänge der Altstadt, die sich an die Vorderhäuser anschließen und kennzeichnend sind für die beengten Wohnverhältnisse des Mittelalters. Beispiele finden sich in der Engelsgrube oder in der Glockengießerstraße 25, der Füchtingshof.

1356: INSCHRIFT AM HOLSTENTOR – ERSTER HANSETAG IN LÜBECK

An den Hansetagen, der obersten Instanz und dem Organ der Gemeinschaft der Hansestädte, wurden alle wichtigen Angelegenheiten besprochen, Beschlüsse wurden gefasst, wirtschaftliche Vorschriften erlassen wie über die anzuwendenden Maße und Gewichte, Verträge ausgehandelt, Verhandlungen mit ausländischen Delegationen geführt, Entscheidungen über Krieg und Frieden oder auch Wirtschaftsblockaden getroffen sowie über Aufnahme oder Ausschluss aus dem Hansebund beraten. Die Konferenzen sollten sich stets an dem Leitspruch „CONCORDIA DOMI FORIS PAX – Eintracht im Inneren, Friede nach Außen" orientieren, der über dem Torbogen des im 15. Jahrhundert erbauten Lübecker Holstentores steht.

Der erste Hansetag fand am 2. Februar 1356 in Lübeck statt. Von den 111 Hansetagen zwischen 1356 und 1480 wurden 76 in Lübeck durchgeführt, weil diese Stadt wegen ihrer beherrschenden Stellung und ihrer geographischen Lage der bevorzugte Tagungsort war. Allerdings erschienen häufig nur wenige Abgeordnete der beteiligten Städte.

Die Hanse kann als eine Art europäische Wirtschaftsunion des Mittelalters betrachtet werden. Sie war seit ihrer Gründung 1241 die mächtigste Vereinigung von Kaufleuten und später Städten mit Konzentration auf Nordeuropa. Aufgrund der wachsenden Verkehrsmobilität und der zunehmenden Schriftlichkeit konnte auf die Begleitung der Waren an ihre Bestimmungsorte durch die Kaufherren verzichtet werden, stattdessen leiteten sie den Handel von ihren großen Kontoren in ihren Heimatstädten aus, die zugleich als Wohn- und Lagerhäuser, Stapel- und Umschlagplätze dienten. Zu dem Städtebündnis, zu dem sich der Hanseverbund entwickelte und das in seiner Blütezeit etwa zweihundert See- und Binnenstädte im Ost- und Nordseeraum umfasste, gehörten London, Brügge, Bergen, Krakau, Nowgorod und natürlich die freie Reichsstadt Lübeck als „Hauptstadt" der Hanse, als „Königin der Hanse". Die „Hansesprache", das Mittelniederdeutsche, entwickelte sich zu einer internationalen Verkehrssprache. Vor der Aufnahme in den Bund war ein Ritual vorgesehen: neben der Zahlung einer Aufnahmegebühr, niederdeutsch Hänse, das Bestehen einer harten Mutprobe. Diese Prozedur nannte man „hänseln". Die Redewendung „jemanden hänseln" ist damit erklärt.

Die Hansestädte im Osten handelten vorwiegend mit Rohstoffen, die westlichen mit Fertig- und Luxuswaren, zum Beispiel mit Tuchen aus Brügge. Aus Nowgorod wurden russische Naturprodukte wie Pelze, Felle und Häute, Honig und Wachs geliefert. Aus Litauen kamen Getreide und Holz, aus Schweden Eisen und Kupfererz,

Butter und Käse, aus Norwegen Fisch. Lübecks Reichtum gründete auf seiner Monopolstellung im Handel mit Salz aus Lüneburg, denn nur durch das kostbare Mineral ließen sich Vorräte haltbar machen. Um vier bis fünf Fässer Hering zu konservieren, benötigte man ein Fass Salz. Dieser Heringshandel bildete den zweiten Grundpfeiler des Lübecker Wohlstands.

Holstentor zu Lübeck

Die mächtige Hanse wagte sogar Kriege oder Wirtschaftsblockaden, um ihre ökonomischen Interessen auch gegen weltliche Herrscher durchzusetzen. Zu den stärksten Gegenspielern der Hansestädte, vor allem der mächtigen freien Reichsstadt Lübeck, gehörten die dänischen Könige, gegenüber denen die Hanse durch überzeugende Siege meist ihre überragende Machtstellung behaupten konnte. Die Transportwege innerhalb der Hanse verliefen hauptsächlich über das Meer. Von besonderer Bedeutung für die Handels- und Seemacht der Hanse war vor allem die Kogge, das vorrangige Lastschiff des Wirtschaftsbündnisses auf Nord- und Ostsee. Die Vorzüge dieses Schiffstyps bestanden in dem großen Laderaum und in den geringen Betriebskosten, als perfektes Massenguttransportmittel war er konkurrenzlos. Allerdings war die Kogge ein reiner Küstenfahrer, das heißt, sie orientierte sich an Merkmalen der Küste, an Kirchen oder anderen markanten Gebäuden, zumal es kaum Seekarten gab und nicht jedes Schiff einen Kompass an Bord hatte. Angewiesen waren die Seefahrer außerdem auf das Lot.

Zunehmende Konkurrenz erwuchs der Hanse durch englische und holländische Seefahrer, die nach der Entdeckung Amerikas bislang unbekannte Seewege und neue Märkte erschlossen. Die daraus resultierende Verlagerung des nordeuropäischen Handels von der Ostsee auf die Nordsee und den Atlantik seit Ende des 15. Jahrhunderts führte zum Niedergang der Hanse. Zeitgleich verlor Lübeck seine wirtschaftliche Vormachtstellung an Hamburg. Zusätzlich brachte der Dreißigjährige Krieg die Unterbrechung vieler Handelswege mit sich. 1669 berief Lübeck den letzten Hansetag ein, auf dem keine Beschlüsse mehr gefasst wurden; die Hanse existierte nicht mehr.

Adresse: Inschrift am Holstentor, Holstentorplatz, 23552 Lübeck.

Das Holstentor als das nach Westen gerichtete unter mehreren Stadttoren der Hansestadt Lübeck empfing die Gäste, die zu den Hansetagen anreisten, um über die Angelegenheiten des mächtigen nordeuropäischen Wirtschaftsbündnisses zu beraten.

Das Holstentor beherbergt ein Museum, das interessante Einblicke in die Stadtgeschichte bietet. Außerdem bildet es den Eingang in die Altstadt, in deren Straßen und Gassen man viel Historischem und Häusern aus der Hansezeit begegnet. Ausgiebige Informationen über die Hansezeit erhalten Interessierte im Europäischen Hansemuseum, An der Untertrave 1, 23552 Lübeck. Direkt neben dem Holstentor kann man ein Fahrgastschiff besteigen, das in etwa einer Stunde auf der Trave die Altstadtinsel umrundet. Auf der gegenüberliegenden Seite der Altstadt, ungefähr da, wo das östliche Stadttor stand, werden Bootsfahrten auf der idyllischen Wakenitz in Richtung Ratzeburg angeboten, Moltkestraße/Ecke Augustenstraße 30. Dort können auch Paddel-, Ruder- und Tretboote ausgeliehen werden.

1362: FUNDE AUS RUNGHOLT IN HUSUM – GROTE MANDRÄNKE

Sturmfluten sind Teil der Geschichte Schleswig-Holsteins seit jeher. 1362 und 1634 verheerten zwei gewaltige Sturmfluten die Nordseeküste und gingen als Erste und Zweite Grote Mandränke in die Katastrophengeschichte ein. In der Flut von 1362 versank die sagenumwobene Siedlung Rungholt. Im Nordfrieslandmuseum Husum sind Fundstücke ausgestellt, die man Anfang des 20. Jahrhunderts im Watt entdeckte: Überreste von Warften, Deichen, Schleusen, Gebäuden und Zisternen, selbst Gerätschaften.

Sturmfluten in der Folge großer Sturmtiefs und heftiger auflandiger Nordweststürme bewirken ein extremes Ansteigen der Flut. Verheerende Sturmfluten haben immer wieder die Nordseeküste heimgesucht, den Küstenverlauf drastisch verändert und die Landschaft entscheidend geprägt. Dort, wo die nordfriesische Landschaft sich von Sylt bis zur Höhe der Eidermündung ge-

Funde aus Rungholt

genwärtig so zerrissen zeigt, zog sich noch im Mittelalter ein natürlicher Sanddünenwall, der die tieferliegende Marsch vom Meer abgrenzte. Aufgrund des kontinuierlichen Anstiegs des Meeresspiegels seit dem späten Mittelalter kam es immer wieder zu folgenschweren Überschwemmungen.

Traditionell nach den Tagesheiligen benannt, war die erste urkundlich erwähnte Sturmflut die „Julianenflut" am 17. Februar 1164. Der „Ersten Marcellusflut" vom 16. Januar 1219 folgte am 16. Januar 1362 die „Zweite Marcellusflut" oder auch „Erste Grote Mandränke". Der Küstenverlauf vor allem zwischen Eiderstedt und Sylt änderte sich radikal. Große Teile des Festlandes und unzählige Dörfer gingen unter, Inseln wurden zerstört oder zerteilt. Zehntausende Menschen verloren ihr Leben. Die nordfriesischen Uthlande, also die durch Eindeichung gewonnenen Köge, wurden auseinandergerissen, und der Marktort Rungholt, ein wahrscheinlich bedeutender Handelsort mit etwa 2.000 Einwohnern, und sieben weitere Kirchspiele versanken im Meer. Die Nordsee überflutete das gesamte Marschland und drang bis zum Geestrand vor. Zurück blieben die Geestkerninseln Sylt, Amrum und Föhr sowie die große Marschinsel Strand und die Halligen. Die auf einem Geestrand gelegene Stadt Husum erhielt plötzlich einen Zugang zur Nordsee und konnte einen Hafen anlegen. Um das versunkene reiche Rungholt rankten sich fortan manche mythischen Geschichten, die den Untergang der Stadt als göttliche Strafe für das sündhafte Treiben der Bewohner deuteten. Nach einer Legende sollte man bei ruhigem Wetter die Glo-

cken der Rungholter Kirche unter Wasser hören können. In diesen Geschichten um das untergegangene Rungholt tauchte immer wieder der Hinweis auf die Hybris der Inselbewohner auf, die in ihrem Hochmut, der Macht des Meeres trotzen zu können, glaubten: „Trotz nu, blanke Hans!"
Weitere Sturmfluten aus den Jahren 1373, 1436 („Allerheiligenflut"), 1532, 1615, 1625 („Fastnachtsflut") veränderten den Küstenverlauf erneut. Durch die „Burchardiflut" oder auch Zweite Große Mandränke am 11. und 12. Oktober 1634 wurde die Insel Strand (Altnordstrand) in Nordstrand und Pellworm sowie die Halligen Südfall und Nordstrandischmoor auseinandergerissen. Zwei Drittel der ehemaligen Insel, die Halligen Nübbel und Nieland gingen unter, mehr als 10.000 Menschen starben, 50.000 Tiere ertranken, 1.300 Häuser, 18 Kirchen und 28 Windmühlen fielen der Flut zum Opfer. Die Burchardiflut vernichtete in einer einzigen Nacht die Nordseeküste von Ribe bis Brunsbüttel, wobei in Nordfriesland die schwersten Schäden zu beklagen waren. Die Menschen traf das Unglück völlig unvorbereitet. Am 11. Oktober drehte der Wind überraschend von Südwest auf Nordwest, steigerte sich zu einem Orkan und presste die Wassermassen der Flut senkrecht gegen die Deiche, die schließlich nicht mehr standhalten

Adresse: Funde aus Rungholt, Nordfrieslandmuseum Nissenhaus, Herzog-Adolf-Straße 25, 25813 Husum

Sturmfluten wie die Groten Mandränken von 1362 und 1634 hatten verheerende Auswirkungen und haben die schleswig-holsteinische Nordseeküste entscheidend verändert.

Im Nordfrieslandmuseum wird dieses Thema eindrucksvoll thematisiert. Darüber hinaus bietet das Museum Einblicke in die nordfriesische Landschaft und Kultur. Auch in der Stadt Husum, der nach Theodor Storm „grauen Stadt am Meer", ist vieles sehenswert, wie die Marienkirche am Markt, eines der Hauptwerke der klassizistischen Architektur in Schleswig-Holstein, das von einem Wassergraben umgebene Schloss, das einzige an der Nordseeküste, mit seinen berühmten Prachtkaminen, und das Theodor-Storm-Haus, Wasserreihe 31, 25813 Husum. Das älteste Freilichtmuseum Deutschlands, das Ostenfelder Bauernhaus, gegründet 1899, befindet sich in der Nordhusumer Straße 13. Nicht weit entfernt liegt die Gutsanlage Hoyerswort mit dem schönen Renaissance-Herrenhaus von 1580, Hoyerswort, 25870 Oldenswort. Von Husum ist es nicht weit bis zur Halbinsel Nordstrand, die bis 1634 mit Pellworm die Insel Strand bildete. Von Nordstrand aus führt eine Fährverbindung auch nach Pellworm.

konnten. Nahezu alle Deiche zwischen Tondern und Brunsbüttel brachen. Da man aufgrund mangelhaften Wissens über die Ursachen der Flutkatastrophe nur Vermutungen anstellen konnte, hielt auch der Aberglaube wieder Einzug, und viele hielten das Unglück für eine Strafe Gottes.

Im Wesentlichen dagegen war der Deichbau mitverantwortlich für die Naturkatastrophe. Neben der Errichtung von Warften schützten die Küstenbewohner seit dem 11. Jahrhundert ihr Land durch die Anlage von Deichen und Entwässerungsgräben gegen Überflutung. Doch die Anlage dieser ersten Deiche war zu steil und zu niedrig. Die eingedeichten Gebiete sackten durch die Entwässerung zum Teil sogar unter den Meeresspiegel ab, so dass das Wasser nach einem Deichbruch nicht mehr abfließen konnte. Das aufgestaute Wasser warf sich mit umso größerer Macht gegen die steilen Deiche. Aus wirtschaftlicher Not und als Folge des Dreißigjährigen Krieges wurde die Deichpflege vielerorts vernachlässigt.

21 1395: LANDESWAPPEN – VEREINIGTES SCHLESWIG UND HOLSTEIN UNTER GERHARD VI.

Das Wappen Schleswig-Holsteins spiegelt seit über sechshundert Jahren die lange und verwirrende Geschichte des Landes wider. Das Wappenschild zeigt sich geteilt: Die zwei blauen übereinander schreitenden Löwen auf goldenem Grund im linken Feld stehen für das Herzogtum Schleswig. Die drei königlichen auf dem dänischen Wappen waren auf zwei herzogliche Löwen reduziert worden. Das silberne Nesselblatt auf rotem Grund aus dem Wappen der Schauenburger Grafen gehört zur Grafschaft Holstein.

Gerhard VI. (1367–1404) entstammte der Rendsburger Linie des Grafenhauses

Schauenburg. Nach dem Tod seines Vaters, Heinrichs II. „des Eisernen" („Isern Hinnerk"), wurde er Graf von Holstein-Rendsburg. Darüber hinaus nahm er am 15. September 1386 von König Olaf III. von Dänemark das Herzogtum Schleswig als erbliches Lehen entgegen. Nachdem sowohl die Plöner als auch die Kieler Linie der Schauenburger ausgestorben waren, konnte er außer den Pinneberger Besitzungen alle holsteinischen Gebiete unter seiner Herrschaft vereinen. Damit waren das Herzogtum Schleswig und die Grafschaft Holstein wieder in einer Hand vereint. Als Gerhard VI. auch die Bauernrepublik Dithmarschen unterwerfen wollte, erlitt sein Heer eine empfindliche Niederlage, und er selbst fiel in der Schlacht an der Hamme östlich von Heide am 4. August 1404.

Landeswappen auf dem Sockel vor der Staatskanzlei Kiel

Nach einem langen gewaltsamen Konflikt mit Dänemark um das Herzogtum Schleswig erhielt es 1440 Gerhards Sohn Adolf VIII. auch aufgrund des Eingreifens der Hansestädte als erbliches Lehen. Da Adolf VIII. von Schauenburg 1459 kinderlos starb, wurde sein Neffe Christian I., seit 1448 dänischer König, auch Herzog von Schleswig und Graf von Holstein und Stormarn.

Graf Gerhard VI. führte 1395 auf seinem Siegel zum ersten Mal die beiden Schleswiger Löwen des dänischen Wappens mit dem holsteinischen Nesselblatt der Schauenburger Territorialherren zusammen. Um die vereinigten Wappen von Schleswig und Holstein herum war auf lateinisch die folgende Umschrift zu lesen: „Siegel Gerhards von Gottes Gnaden Herzog von Jütland Graf von Holstein und Stormarn".

Die beiden Löwen veränderten allerdings im Laufe der Geschichte ihre Position: Mal schauten sie zum linken Rand wie auf dem dänischen Wappen, mal waren sie nach rechts zur Mitte ausgerichtet. Die Kehrtwende geschah im Jahr 1891, nachdem die Löwen und das Nesselblatt offizielles Wappen der neuen preußischen Provinz Schleswig-Holstein geworden waren. Eine Anekdote erzählt, dass der preußische Kanzler Otto von Bismarck es für respektlos hielt, dass die beiden dänischen Löwen dem anderen Landesteil ihr Hinterteil zuwandten. Wie dem auch sei, in seiner jetzigen Form unterstrich das Wappen mit Löwen und Nesselblatt die Zusammengehörigkeit der Landesteile.

Seit dem 18. Januar 1957 repräsentiert das Wappen das Bundesland Schleswig-Holstein, ebenso wie die Landesfahne in den Farben Blau-Weiß-Rot, die dem Emblem entlehnt sind.

Adresse: Landeswappen, Staatskanzlei, Düsternbrooker Weg 104, 24105 Kiel.

Unter Gerhard VI. waren das Herzogtum Schleswig und die Grafschaft Holstein erneut in einer Hand vereint. Er fügte 1395 auf seinem Siegel erstmalig die beiden Schleswiger Löwen mit dem holsteinischen Nesselblatt zusammen. Seit 1957 repräsentiert dieses Wappen das Bundesland Schleswig-Holstein.

Die Staatskanzlei wie auch weitere Ministerien des Landes Schleswig-Holstein liegen direkt an der Kiellinie, der langen Promenade Kiels entlang der Förde, die von der Wik bis in die Altstadt führt. Auch das benachbarte, 21 Hektar große Waldgebiet Düsternbrooker Gehölz lädt zu ausgiebigen Spaziergängen ein.

22 1402: KIELER HANSEKOGGE – KAMPF GEGEN SEERÄUBER AUF OST- UND NORDSEE

Die Kieler Hansekogge mutet an wie eine spätmittelalterliche Kogge. Sie ist der authentische Nachbau einer fast vollständig erhaltenen Hansekogge aus dem Jahre 1380, die 1962 in der Weser bei Bremen während des Baus des Europahafens gefunden wurde. Erst dieser Fund ermöglichte präzise Erkenntnisse über das typische Frachtschiff der Hanse. In dem Projekt des Vereins „Jugend in Arbeit Kiel" mit dessen Zielsetzung, arbeitslose junge Menschen durch die Arbeit an einem Projekt zu fördern, ließ sich ein Schiffsnachbau zwischen 1986 und 1991 in einer Kieler Werft erfolgreich realisieren. Es ist das weltweit einzige voll funktionsfähige Modell einer Hansekogge.

Diese Schiffe waren das verbreitetste Transportmittel der Hansestädte, deren Handelsverkehr hauptsächlich über das Meer verlief. Die Kogge, deren großer Laderaum und geringe Betriebskosten sie zu einem idealen Massenguttransportmittel machten, war als vorrangiges Lastschiff des Wirtschaftsbündnisses auf Nord- und Ostsee unterwegs. Auch der zweite Schiffstyp der Hanse, der Holk, ein breit und flachbödig konstruiertes Lastenschiff, verfügte über eine große Ladekapazität. Beide Schiffe waren reine

Kieler Hansekogge

Küstenfahrer. Orientierung boten ihnen Merkmale der Küste, Kirchen oder andere markante Gebäude, oder auch das Lot, selten Seekarten und Kompass.

Ihre Schiffe rüsteten die Hansestädte auch als Kriegsschiffe aus, die vor allem gegen die Seeräuber eingesetzt wurden. Da sie für Frieden und ungestörten Handel auf den Meeren sorgen sollten, hießen sie auch Friedekoggen oder Friedeschiffe. Besonders im Kampf gegen die berühmt-berüchtigten Vitalienbrüder, die den Seehandel massiv beeinträchtigten, kamen diese Schiffe zum Einsatz, sowohl im Geleitschutz für die Flottenverbände oder auf Patrouillenfahrten als auch im offenen Gefecht gegen die Piratenschiffe.

Der berühmteste Seeräuber aller Zeiten auf Nord- und Ostsee war sicher Klaus Störtebeker, der seinen Namen wohl seiner Trinkfestigkeit verdankte: ndt. „Stürz den Becher". Über sein Leben ist nicht viel bekannt. Um 1394 trat er als Anführer der Vitalienbrüder auf der Insel Gotland in Erscheinung. Von hier aus unternahmen die Seeräuber Kaperfahrten in der Ostsee und auch in der Nordsee, zum Teil sogar im

Kieler Hansekogge

Auftrag der Herzöge von Mecklenburg, die sie mit Kaperbriefen ausstatteten, welche ihnen erlaubten, fremde Handelsschiffe anzugreifen. Weil sie die dänische Blockade von Stockholm erfolgreich durchbrechen und die Stadt mit Lebensmitteln („Vitalien") versorgen konnten, wurden sie fortan „Vitalienbrüder" genannt. Von ihrem Hauptquartier auf Gotland aus unternahmen die Vitalienbrüder später auch auf eigene Rechnung ihre gefährlichen Raubzüge. Bald brachten Klaus Störtebeker und Godeke Michels mit ihren Leuten den Handelsverkehr der Hanse auf Ost- und Nordsee fast vollständig zum Erliegen.

Es gelang Störtebeker und seinen Vitalienbrüdern immer wieder, den Verfolgungen durch die Hanseschiffe, vor allem der Hansestädte Hamburg und Lübeck, auf das offene Meer zu entgehen. Erst am 22. April 1401 errangen die Verbände der Hanse den entscheidenden Sieg. Elf hansische „Friedenskoggen" mit 950 Bewaffneten konnten die Schiffe Störtebekers nach blutigem Kampf vor Helgoland stellen. Die Seeräuber wurden gefangen genommen und im Triumphzug nach Hamburg gebracht. Am 21. Oktober 1401 wurden Klaus Störtebeker und seine 72 Gefolgsleute auf dem Hamburger Grasbrook enthauptet. Zur Abschreckung wurden die Köpfe der Enthaupteten am Elbufer aufgespießt präsentiert. Eine Legende erzählt, dass der geköpfte Störtebeker noch an elf seiner Männer vorbeigerannt sein soll, um ihnen das Leben zu retten, denn der Hamburger Bürgermeister hatte ihm zugesagt, alle am Leben zu lassen, an denen er kopflos vorbeilaufen könnte. Aber der Bürgermeister wurde wortbrüchig, und alle wurden hingerichtet.

Adresse: Kieler Hansekogge, Sartorikai, Schifffahrtsmuseum Kiel, Wall 65, 24103 Kiel.

Die Nachbildung einer mittelalterlichen Kogge verweist auf die Hansezeit, in der dieses Städtebündnis zum Schutz seiner Handelsrouten vor Seeräubern so genannte Friedeschiffe wie dieses einsetzte. 1401 gelang es den Hanseschiffen, den berühmten Piraten Klaus Störtebeker zu fangen, der in Hamburg hingerichtet wurde.

Das neben der Kogge liegende Schifffahrtsmuseum mit einem kleinen Museumshafen lohnt einen Besuch, Wall 65, 24103 Kiel. Der Gang am Kai entlang ermöglicht den Blick auf den Hafen, die gegenüberliegende Werft und die Fähr- und Kreuzfahrtschiffe. Die Kieler Altstadt mit Altem Markt und St. Nikolaikirche ist nur wenige Meter entfernt.

1460: URKUNDE VON RIPEN – UP EWICH UNGEDELT

Die Urkunde zum Ripener Vertrag von 1460, hier in einer Nachbildung, stellt eines der wichtigsten Dokumente der Landesgeschichte dar. Die darin verwendete Formel von der Unteilbarkeit der Landesteile Schleswig und Holstein prägte die Politik über Jahrhunderte.

Die alteingesessenen holsteinischen Adelsfamilien wie die Ahlefeldt, Blome, Brockdorff, Buchwaldt, Rantzau, Reventlow und Rumohr hatten sich im Laufe der Zeit mit wachsendem Landbesitz eine entsprechende Machtfülle aneignet. Das zwang die Landesherren zu immer weiterreichenden Zugeständnissen dem Adel gegenüber. Aus der zunehmenden Verschmelzung des holsteinischen und des Schleswiger Adels entwickelte sich die schleswig-holsteinische Ritterschaft, die sich in Holstein, aber auch in Schleswig einen gewichtigen Einfluss auf die Vergabe der wichtigen Ämter sicherte. Mit dem so genannten Indigenatsrecht wurde 1415 festgelegt, dass die höchsten Ämter ausschließlich dem alteingesessenen schleswig-holsteinischen Adel vorbehalten blieben. In der nachfolgenden Zeit gelang es dem Adel, seine Machtposition immer weiter auszubauen. Der Ritterschaft, die in

Faksimile der Urkunde zum Ripener Vertrag von 1460

Holstein wie in Schleswig Güter besaß, war besonders an der Zusammengehörigkeit der beiden Landesteile gelegen.

Nach dem Tod Christophs III. von Dänemark 1448 wurde der erst zweiundzwanzigjährige Christian Graf von Oldenburg und Delmenhorst (1426–1481) zum König gewählt. 1450 bestimmte der norwegische Reichsrat ihn auch zum rechtmäßigen König von Norwegen. Nach dem Krieg zwischen Dänemark und Schweden fiel ihm 1457 für etwa zehn Jahre ebenfalls die schwedische Krone zu. Nach dem Tod des letzten Schauenburger Grafen und Herzogs Adolf VIII., der keinen unmittelbaren Erben hinterließ, an dessen Hof Christian erzogen worden war, schien der Ritterschaft der dänische König als Neffe des Verstorbenen 1459 der geeignete Kandidat für die Nachfolge zu sein. 1460 wählten die Landstände Schleswigs und Holsteins deshalb zu Ripen König Christian I. auch zum Herzog von Schleswig und Grafen von Holstein.

Diese Personalunion der Herzogtümer mit Dänemark blieb bis 1864 bestehen. Christian I. war der erste dänische Herrscher aus dem Hause Oldenburg.

Das Herzogtum Schleswig blieb dänisches Lehen, Holstein ein Lehen des Deutschen Reiches. Den Landständen aber, die stabile politische Verhältnisse erhalten wollten, wurde im Vertrag von Ripen zugesichert, dass die Herzogtümer „up ewich tosamende ungedelt" bleiben sollten. Für seine Wahl zum Herzog war König Christian bereit, den Ständen in der Ripener Handfeste wichtige Rechte und Privilegien zuzusagen, ein eigenes Fürstenwahlrecht, eigene Landtage, eigenes Indigenatsrecht, d.h. das Vorbehaltsrecht von hohen Verwaltungsämtern für Bewohner der beiden Lande, eigenes Münz- und Zollrecht. Eine Erweiterung dieser Rechte erfolgte in der so genannten Kieler „Tapferen Verbesserung" am 4. April 1460. Jeder neue Landesherr war zukünftig auf die Bestätigung durch die Ritterschaft angewiesen. Der deutsche Kaiser belehnte Christian I. mit Dithmarschen und erhob 1474 auch die Grafschaften Holstein und Stormarn zum reichsunmittelbaren Herzogtum.

Der Vertrag von Ripen, der die gemeinsame Landesherrschaft über Schleswig und Holstein begründete und den Landfrieden sicherte, verlor zwar 1481 mit dem Tod Christians I., des ersten Herrschers über Dänemark und Schleswig-Holstein aus dem Haus Oldenburg, seine unmittelbare Gültigkeit, seine Grundgedanken aber blieben bestehen. Schleswig-Holstein war seit 1460 eine Realunion, ein zusammengehöriges Staatsgebilde, wenn auch halb unter deutscher, halb unter dänischer Lehnshoheit. Es war mit Dänemark durch einen gemeinsamen Herrscher in Personalunion verbunden. Da sich die Stände in der Frage der Nachfolge nicht zwischen den beiden Söhnen des Königs entscheiden konnten, verfielen sie auf einen Kompromiss: Hans und Frederik wurden gleichzeitig zu Nachfolgern gewählt, was 1490 zu einer Teilung des Herrschaftsgebietes führte, einer von mehreren folgenschweren Landesteilungen. So zerfiel das eigentlich „Ungedelte" in zwei Teile, einen Königlichen und einen Gottorfer Anteil an Schleswig-Holstein.

Adresse: Landesmuseum Schloss Gottorf, Schlossinsel 1, 24837 Schleswig.

Im Vertrag zu Ripen wurde 1460 die berühmte Formel „up ewich ungedelt" festgeschrieben, also die Unteilbarkeit der beiden Landesteile. Zum ersten Mal wurde mit Christian I. ein dänischer König zugleich Herzog von Schleswig und Holstein.

Neben der Nachbildung der Urkunde von Ripen bietet das Schloss Gottorf, das als eindrucksvollster Profanbau des Landes die bedeutendsten Museen Schleswig-Holsteins beherbergt, zahlreiche Innenräume mit der zum Teil ursprünglichen Einrichtung. Besonders sehenswert sind der Hirschsaal von 1591 und die Renaissance-Kapelle. Neben wechselnden Ausstellungen ist auch das gesamte Areal des Schlossbezirks zugänglich. In dessen Norden liegt der Neuwerkgarten, einer der ersten barocken Terrassengärten Nordeuropas. Nordwestlich schließt sich der frühere Tiergarten der Gottorfer Fürsten an, ein Waldgebiet, das ausgedehnte Wanderungen erlaubt und am Grab des sagenumwobenen dänischen Königs Abel im Wickeltal vorbeiführt.

1500: DUSENDÜVELSWARF – SCHLACHT BEI HEMMINGSTEDT

In das Zentrum des Landesdenkmals Dusendüvelswarf stellte der Kieler Architekt Wilhelm Voigt einen großen Findling auf eine mit Mauern umschlossene Warft, der die Inschriften trägt. Das am 17. Februar 1900 eingeweihte Denkmal sollte an die berühmte Schlacht bei Hemmingstedt erinnern, in der sich am 17. Februar 1500 die Dithmarscher Bauern erfolgreich gegen die weit stärkeren vereinigten Armeen des dänischen Königs Johann I. und seines Bruders, des Herzogs Friedrich von Holstein, zur Wehr setzten.

Nach der Niederlage in der Schlacht von Bornhöved 1227 mussten die Dänen Dithmarschen an das Erzbistum Bremen abtreten. Doch weil der Erzbischof wenig Einfluss nahm, regierten sich die Dithmarscher letztlich selbst, indem sie einen Rat der Bauern bildeten, das „Kollegium der 48er",

Denkmal Dusendüvelswarf

das die Führung des Landes übernahm und Dithmarschen zu einer Art Bauernrepublik machte. Der Wohlstand des Großbauerntums und der Zugang zur Nordsee ließen das Land so attraktiv erscheinen, dass der dänische König Christian I. 1473 den deutschen Kaiser Friedrich III. um einen Lehnsbrief bat, der ihm die Hoheitsrechte über Dithmarschen zusprach. Die Dithmarscher wiederum ersuchten Papst Sixtus IV., ihnen die Zugehörigkeit zum Erzbistum Bremen zu bestätigen. 1499 erhoben Christians Sohn Johann I. und sein Bruder Friedrich erneut Ansprüche auf Dithmarschen.

In dem dänischen und holsteinischen Heer dienten etwa 4.000 Landsknechte, vor allem die für ihren Kampfgeist berühmte und für ihre Grausamkeit berüchtigte Schwarze Garde. Die Angreifer überschritten am 11. Februar 1500 die Landesgrenze. Da sich ihnen keinerlei Widerstand entgegensetzte, wurde Dithmarschens Hauptstadt Meldorf kampflos eingenommen. Den Dithmarschern war bewusst, dass sie in einem Kampf auf offenem Feld unterlegen wären, und sie hatten sich in die Marsch zurückgezogen. Den Gegnern blieb einzig die Möglichkeit, die Dithmarscher über einen Dammrücken der Geest zu verfolgen. Den Kampf der Bauern begünstigten die tiefen Wassergräben an den Seiten des Dammes, die durch Öffnen der

Schleusen überflutet werden konnten. Das einsetzende Tauwetter bot den Dithmarschern einen weiteren Vorteil. Mit den Landesgegebenheiten bestens vertraut, errichteten sie südlich von Hemmingstedt und nördlich der so genannten Dusendüwelswarf eine Schanze quer zur Landstraße und öffneten die Siele an den Deichen.

Die Armee der Feinde zog sich beim Marsch über den schmalen Damm in eine schier endlose Länge von etwa zehn Kilometern. Die derart erheblich behinderten Soldaten waren den Angriffen der Dithmarscher, die sich in dem nassen und schlammigen Boden geschickter zu bewegen wussten, schutzlos ausgeliefert. Ihre Kanonen und Pferde konnten sie auf der durch den Regen in eine Schlammmasse verwandelten Straße nicht effizient nutzen. Viele Kämpfer der königlichen Armee ertranken. Nach drei Stunden war die Schlacht zugunsten der Verteidiger entschieden. Das berühmte dänische Heer erlitt eine vernichtende Niederlage, bei der auch zahllose Mitglieder der schleswig-holsteinischen Adelsfamilien fielen. König Johann und Herzog Friedrich konnten entkommen. Auf Vermittlung durch Lübeck und Hamburg kam es am 15. Mai zum Friedensschluss, der den Dithmarschern ihre Selbstständigkeit sicherte, bis ihr Land 1559 doch noch von den Landesherren einverleibt wurde.

Den drohenden Ausruf der Schwarzen Garde: „Wahr Di, Buer, de Gaar de kummt" kehrten die Dithmarscher um in: „Wahr di, Gaar! De Bur, de kumt!", was auf dem Denkmal verewigt ist.

Adresse: Dusendüvelswarf, Epenwöhrden, 25770 Hemmingstedt

Bei Hemmingstedt trafen am 17. Februar 1500 die Armeen des dänischen Königs und des Holsteiner Herzogs auf die freien Dithmarscher Bauern, die sich einer Eroberung durch die beiden Landesherren erfolgreich erwehrten.

In der Nähe des Denkmals bietet ein Pavillon Informationen über die Schlacht von Hemmingstedt anhand von Texten und Dioramen. Nördlich von Hemmingstedt liegt die Stadt Heide mit ihren verschiedenen Sehenswürdigkeiten. Südwestlich gelangt man nach Meldorf mit seinem schönen Dom, Nordermarkt, 25704 Meldorf, und an die Meldorfer Bucht.

1510: OCHSENHÖRNER BEI KROPP – OCHSENWEG

Bei Kropp stehen zwei überdimensionale, sich kreuzende Ochsenhörner als Symbol für den Ochsenweg, der hier verläuft. Schon seit der Bronzezeit durchquerte ein Verkehrsweg die Kimbrische Halbinsel in Nord-Süd-Richtung, überwiegend entlang der Wasserscheide auf dem trockenen Boden der Geest oder des Geestrandes. Der Ochsenweg oder auch „Hærvejen" (Heerweg) begann im dänischen Viborg und endete in Wedel, dem Sammelplatz für den Viehhandel. Neben dieser Funktion diente der Ochsenweg ebenfalls als Heerstraße und sogar als Pilgerweg, weil die zahlreichen Quellgebiete entlang der Wasserscheide am Rand des Ochsenweges den christlichen Pilgern als heilige Wallfahrtsorte galten.

Die Ochsendrift, der bedeutende Viehtrieb, verlief in Dänemark über Vejle und Åbenrå, in Schleswig-Holstein über Flensburg, Schleswig, vormals Haithabu, und Rendsburg, wo die Eider zu überqueren war. Südlich der Eidergrenze gabelte sich der Weg in eine östliche Route über Neumünster und Bad Bramstedt und eine westliche über Itzehoe und Elmshorn. In Uetersen trafen beide Strecken wieder zusammen und führten zu ihrem Ziel, dem Ochsenmarkt in Wedel. Hier wurde das Vieh mit Hilfe von Fähren über die Elbe nach Stade verschifft und von dort auf dem „Hellweg", der großen mittelalterlichen Heer- und Fernhandelsstraße zwischen Rhein und Elbe entlang der Mittelgebirgsschwelle, nach West- und Mitteldeutschland oder auch in die Niederlande transportiert. Wenn die Tiere von dem langen Marsch zu ermüdet und sogar abgemagert waren, gönnte man ihnen auch zunächst eine Ruhezeit auf den Fettweiden der Elbmarschen. In Hamburg endete der Ochsenweg am Ochsenzoll. Auf den großen Viehmärkten in Wedel, Altona und Hamburg wechselten Tausende Ochsen die Besitzer. In Bad

Ochsenhörner bei Kropp

Rolandstatue auf dem Marktplatz in Bad Bramstedt

Bramstedt symbolisierte die Roland-Statue auf dem städtischen Ochsenmarkt die hier herrschende Marktgerechtigkeit, unter ihm schlossen die Viehhändler ihre Verträge per Handschlag.

Transportiert wurden ausschließlich Ochsen, also Stiere, die für den Transport kastriert wurden, weil sie ansonsten zu wild waren. Kühe gelangten nicht in den Transport, sie wurden zur heimischen Milch- und Kälberproduktion gehalten. Da der Viehtrieb mehrere Tage dauerte, entstanden entlang des insgesamt etwa fünfhundert Kilometer langen Ochsenweges zahlreiche Gasthöfe für die Treiber und Viehställe zum Schutz der Tiere vor Wölfen. An Übergängen, Furten und Brücken wurde den Treibern häufig Wegezoll abverlangt. Dieser Viehtrieb aus Jütland und von den dänischen Inseln nach Süden erfolgte bis weit in das 19. Jahrhundert hinein. Im 15. und 16. Jahrhundert wurden jährlich 30.000–50.000 Ochsen über den Ochsenweg getrieben, daneben auch Pferde, Schweine, Ziegen, Schafe und Gänse. Der Ochsenweg verlor seine Funktion, als die Eisenbahn ihn ab Mitte des 19. Jahrhunderts ablöste.

Adresse: Ochsenhörner an der B77, 24848 Kropp.

Der Ochsenweg durchquert als historischer Verkehrsweg vom dänischen Viborg bis Wedel, von Nord nach Süd die ganze Kimbrische Halbinsel. Er diente jahrhundertelang dem aufwändigen Viehtrieb nach Süden.

Einige Abschnitte des historischen Ochsenweges sind noch im ursprünglichen Zustand erhalten und laden zum Wandern ein. Von Kropp aus führt der Ochsenweg auf einem etwa 21 Kilometer langen Abschnitt über die B77 in Richtung Flugplatz, dann durch den Kropperbusch, das Gehege Lohe, über Fockbek nach Rendsburg. In Kropp selbst ist die alte Dorfkirche sehenswert.

26

1524: ZÜTPHEN-DENKMAL IN HEIDE – REFORMATION

Mit dem Zütphen-Denkmal auf dem Heider Friedhof, einem eingefriedeten Granit-Obelisken, der auf einem kleinen Hügel steht, wird eines evangelischen Märtyrers zur Zeit der Reformation gedacht.

Im Vergleich zu anderen Teilen Deutschlands verlief die Reformation in Schleswig-Holstein und Dänemark überwiegend friedlich und weniger fanatisch. Einzig das Schicksal des protestantischen Predigers Heinrich von Zütphen (1488–1524) bildete eine Ausnahme. Nachdem der aus Holland stammende Augustinermönch Zütphen in Köln bereits Subprior in einem Augustinerkloster geworden war, stieg er 1515 im niederländischen Dordrecht zum Prior auf. Beeindruckt von der Bewegung, die durch Luthers Thesenanschlag ausgelöst wurde, versuchte er hier, die Reformation mit aller Macht durchzusetzen, stieß aber auf so heftigen Widerstand, dass er das Kloster verlassen musste. 1520 kam es in Wittenberg zur ersten Begegnung mit Luther. Daraufhin beteiligte er sich an der evangelischen Bewegung in Antwerpen, wo er öffentlich auftrat, schließlich gefangen genommen, aber vom Volk wieder befreit wurde, so dass er dem Feuertod entging. Nun folgte er dem Ruf des Meldorfer Predigers Nicolaus Boie, eines Schülers Luthers und Melanchthons, und zog nach Dithmarschen. Das Wirken Zütphens in Meldorf rief

Zütphen-Denkmal auf dem Heider Friedhof

mächtige Feinde der Reformation auf den Plan. Er geriet vor allem in scharfen Konflikt mit dem Dominikanerprior Augustinus Torneborch, der seine Predigten unbedingt verhindern wollte. Nachdem er vergeblich versucht hatte, den lutherischen Prediger auf legalem Weg zu vertreiben, schreckte Torneborch sogar vor einer Gewalttat nicht zurück. Am 9. Dezember wurde das Pfarrhaus in Meldorf überfallen, Boie misshandelt und Zütphen nach Heide entführt, wo er gefoltert und am 10. Dezember 1524 auf dem Marktplatz als Ketzer verbrannt werden sollte. Bei dieser überstürzten Aktion jedoch ließ sich das nasse Holz nicht entzünden, so dass Zütphen dann wohl auf dem Galgenberg gevierteilt wurde.

Schon um 1520 tauchte die Reformationsidee über Hamburg und Lübeck in den Herzogtümern auf. Husum wurde durch den Reformator Hermann Tast zu einem Zentrum und Ausgangspunkt der Bewegung. Der dänische König Friedrich I. stand der neuen Lehre zwar positiv, aber noch zögernd gegenüber; er wollte nicht mit der katholischen Kirche brechen, duldete hingegen die Ausbreitung der Reformationsbewegung. Sein Sohn Christian III. hatte 1521 stellvertretend für seinen Vater am Reichstag in Worms teilgenommen und Martin Luther kennengelernt. Der junge Kronprinz wurde zum leidenschaftlichen Lutheraner, der in Dänemark und Norwegen die Reformation einführte. Als ihm 1525 die Verwaltung des Herzogtums Schleswig übertragen wurde, trieb Christian die Reformation energisch voran und führte eine evangelische Kirchenordnung ein, die als eine der ältesten protestantischen Kirchenordnungen der Welt gilt. In den Kirchen des Herzogtums Schleswig wurde nun evangelisch gepredigt. Auch in den größeren Städten Dänemarks verbreitete sich die Reformation immer mehr. In den späten 1520er Jahren existierten in Dänemark die beiden Kirchen gleichberechtigt nebeneinander.

Am 8. April 1529 berief Friedrich I. im Flensburger Franziskanerkloster ein öffentliches theologisches Streitgespräch ein, die so genannte „Flensburger Disputation“. Johann Bugenhagen (1485–1558) wurde seitdem zum Vertrauten des Kronprinzen und durfte diesen nach dem Tod seines Vaters 1537 in Kopenhagen zum König krönen. Bugenhagen war als Weggefährte Martin Luthers eine entscheidende Kraft in der Ausbreitung der Reformation in ganz Niederdeutschland. 1536 bekannte sich die dänische Kirche offiziell zur lutherischen Lehre. Nach dem Vorbild seiner auf Lateinisch und auf Dänisch publizierten evangelischen Kirchenordnung für Dänemark von 1537 gab Bugenhagen 1542 im Auftrag des Königs Christian eine neue, auch von Luther abgesegnete, auf Niederdeutsch verfasste Kirchenordnung für Schleswig-Holstein heraus, die neue Grundlage der protestantischen Gottesdienste in den Herzogtümern. Nach wenigen Jahrzehnten war die Reformation in Schleswig-Holstein vollendet und bewirkte ein enges Zusammenrücken von Dänemark und dem protestantischen Norden Deutschlands.

Adresse: Zütphen-Denkmal: Nordfriedhof, Weddingstedter Straße 26, 25746 Heide.

Heinrich von Zütphen war ein enthusiastischer Verfechter der evangelischen Bewegung, rief damit heftigsten Widerstand hervor und wurde 1524 in Heide von seinen Gegnern als Ketzer ermordet..

Auf dem Heider Marktplatz, dem mit 4,7 Hektar größten unbebauten Marktplatz Deutschlands, steht die schöne St.-Jürgen-Kirche aus dem Jahr 1560, Markt 26 a. Nicht weit ist es zur Straße Lüttenheid 34 mit dem Brahmshaus und Lüttenheid 40 mit der Museumsinsel Lüttenheid, dem Klaus-Groth-Museum und dem Heider Heimatmuseum. Im nahen Albersdorf begegnet man der Steinzeit im Archäologischen Museum, dem Steinzeitpark, Süderstraße 47, 25767 Albersdorf.

27 1533: HERZOGSGRABMAL IN BORDESHOLM – FRIEDRICH I.

Die Bronzetumba in der Klosterkirche zu Bordesholm, das bedeutendste spätgotische Grabmal im Land, trägt die liegenden Skulpturen des Herzogpaares Friedrich I. von Schleswig-Holstein-Gottorf und Anna von Brandenburg. Der Sarkophag ist allerdings leer, denn die Herzogin ist unterhalb des Kenotaphs im Grabgewölbe des Kirchenschiffs beigesetzt, der Herzog selbst im Schleswiger Dom.

Friedrich I. (1471–1533) war von 1490 bis 1533 Herzog von Schleswig und Holstein und von 1523/24 bis 1533 König von Dänemark und Norwegen. Weil er eigentlich als jüngster Sohn des dänischen Königs Christian I. allein die Herzogtümer Schleswig und Holstein erben sollte, wurde er bereits als Kind im Kloster Bordesholm darauf vorbereitet. Doch nach dem Tod seines Vaters 1481 verweigerte sein sechzehn Jahre älterer Bruder Johann I. dem erst Zehnjährigen sein Erbe, und die beiden Brüder bzw. Friedrichs Mutter Dorothea von Brandenburg als Regentin für Friedrich regierten die Herzogtümer fortan gemeinsam. Seine Jugend verbrachte Friedrich weitgehend auf Schloss Gottorf. Entgegen dem Vertrag von Ripen, der eine Teilung von Schleswig und Holstein verbot, setzte die Königin 1490 doch eine Teilung unter den Brüdern durch. Um die Einnahmen aus Ämtern und Städten möglichst gleichmäßig zu verteilen, entstanden keine zusammenhängenden Gebiete, sondern die Besitzungen der Brüder bildeten einen Flickenteppich. Beide Brüder trugen den Titel eines Herzogs von Schleswig und Holstein, und die Stände huldigten ihnen gemeinsam. Nachdem der ältere Bruder dem Jüngeren die Wahl seines Gebietes überließ, wählte Friedrich den Teil mit der Residenz Gottorf, den er nun relativ souverän regieren konnte. Gemeinsam aber zogen die beiden Brüder in die kriegerische Auseinandersetzung mit der Bauernrepublik Dithmarschen, die am 17. Februar 1500 in der Schlacht bei Hemmingstedt für beide Fürsten mit einer verheerenden Niederlage endete.

Friedrich I. stiftete gemeinsam mit seiner Frau Anna von Brandenburg der Klosterkirche Bordesholm 1509 das Chorgestühl und 1514 den Altar des Meisters Hans Brüggemann, der schon von Zeitgenossen als wahres Wunderwerk gepriesen wurde. Das Kieler Schloss ließ Friedrich 1512 als Witwensitz für seine Gemahlin um einen Neubau erweitern. Aber die Sechsundzwanzigjährige starb bereits 1514 und wurde in der Klosterkirche Bordesholm beigesetzt. Ursprünglich wollte sich auch Friedrich dort beisetzen lassen.

Grabmal des Herzogpaares Friedrich I. von Schleswig-Holstein-Gottorf und Anna von Brandenburg in der Klosterkirche zu Bordesholm

Nachdem sein Neffe Christian II. von sich erhebenden Adeligen abgesetzt und vertrieben worden war, wurde Friedrich 1523 von den dänischen Ständen zum König von Dänemark gewählt. 1524 wurde er ebenfalls König von Norwegen. Da er weiterhin auf Schloss Gottorf residierte, das er zu einem repräsentativen Renaissanceschloss umzubauen begann, war Friedrich I. der einzige dänische König, der von Schleswig-Holstein aus regierte und sich selten in Dänemark aufhielt. Im nördlichen Teil des Herzogtums Schleswig setzte er noch im selben Jahr seinen Sohn Christian als Herzog ein. Wie es seinem auf Ausgleich ausgerichteten Wesen entsprach, hatte Friedrich I. zur Reformation zwar ein zwiespältiges Verhältnis, duldete aber, dass nach der von ihm einberufenen Flensburger Disputation am 8. April 1529 unter dem Vorsitz des Kronprinzen Christian die Reformation in Dänemark und Schleswig-Holstein eingeführt wurde. Als Friedrich I. am 10. April 1533 starb, wurde er im St.-Petri-Dom zu Schleswig beigesetzt.

Adresse: Herzogsgrabmal in Bordesholm, Klosterkirche, Lindenplatz, 24582 Bordesholm.

Friedrich I., Herzog von Schleswig und Holstein, war von 1523/24 bis 1533 König von Dänemark und Norwegen. Im Jahr 1500 musste er eine herbe Niederlage in der Schlacht von Hemmingstedt verantworten. Der Reformation stand er duldend gegenüber.

Für die schöne Klosterkirche in Bordesholm, die dreischiffige Hallenkirche von 1322, stiftete Friedrich I. das Chorgestühl von 1509 mit kostbaren Schnitzereien und den berühmten Brüggemann-Altar von 1514, der heutzutage im Schleswiger Dom zu bewundern ist. Im Ostflügel des Klosterstifts ist das Heimatmuseum Bordesholm untergebracht.

Lohnend ist eine Wanderung um den Bordesholmer See. Vom Ort geht ein herrlicher Wanderweg entlang der Eider über Reesdorf bis Techelsdorf und über Grevenkrug und Schmalstede zurück. Eine ausgedehntere Tour führt zum Einfelder See und zum Dosenmoor, Am Moor 99, 24536 Neumünster.

1556: RANTZAU-OBELISK IN BAD SEGEBERG – HEINRICH RANTZAU ALS STATTHALTER DES DÄNISCHEN KÖNIGS

Rantzau-Obelisk in Bad Segeberg

Dem Gedenken seines verehrten Königs, des dänischen Monarchen Friedrich II., widmete Heinrich Rantzau in dessen Todesjahr 1588 in Segeberg eine fünfzehn Meter hohe Pyramide, in deren Innerem ein Altar mit sechzehn Kupfertafeln die „Res gestae Frederici II. Daniae Regis" – Die Taten des dänischen Königs Friedrich II. – abbildete. Zwei Jahre später ließ Rantzau in der Nähe der Pyramide einen Obelisken errichten, an dem ein Glockenspiel ebenfalls an den König erinnern sollte.

Heinrich Rantzau (1526–1598) war nicht nur ein erfolgreicher Ökonom und der reichste Adelige in den Herzogtümern Holstein und Schleswig, er war zugleich ein berühmter humanistischer Universalgelehrter und darüber hinaus einer der einflussreichsten Männer seiner Zeit. Über ein halbes Jahrhundert galt er als geistiger und politischer Führer im dänischen Königreich. Die Familie Rantzau gehörte zu den uradeligen und bedeutendsten Familien des Landes. Der dänische König Christian III. ernannte Rantzau 1554 zum königlichen Rat und Amtmann von Segeberg, er residierte in der Burg auf dem Kalkberg, ließ sich aber auch ein eigenes Stadthaus errichten. Als Statthalter des Königs in den königlichen Anteilen der Herzogtümer Schleswig und Holstein in der Nachfolge seines Vaters seit 1556 avancierte er zum Finanzier und politischen Berater unter den drei dänischen Königen Christian III., Friedrich II. und Christian IV.. Dieser „Humanist des Nordens" entwarf in seinen zahlreichen Schriften einen europäischen Generalfrieden auf der Grundlage von Glaubens- und Gewissensfreiheit. Nach seinem Vater Johann und ihm selbst wurde das 16. Jahrhundert häufig als „Rantzauisches Zeitalter" bezeichnet. Aufgrund seiner Ausbildung an der Universität Wittenberg schon als Zwölfjähriger, seiner Bekanntschaft mit Luther und Melanchthon sowie seiner Aufenthalte am Hof Kaiser Karls V. erlangte er eine umfassende humanistische Bildung; auf Lateinisch konnte er sich geschmeidiger ausdrücken als auf Deutsch, so dass er alle seine Schriften in dieser Sprache verfasste.

Mit Hilfe der beträchtlichen Mitgift seiner Ehefrau Christina von Halle, man sprach von vier Tonnen Gold, konnte er sich viele Güter kaufen, so dass er über den umfangreichsten Grundbesitz in den Herzogtümern verfügte. Dabei profitierte er von der enormen Preissteigerung für Getreide in der Mitte des 16. Jahrhunderts. Heinrich Rantzau verbesserte die Gutswirtschaft und legte zum ersten Mal Baumschulen an, in denen er Kiefern außerhalb ihres natürlichen Verbreitungsgebietes anpflanzte. Seinen Hauptwohnsitz bezog Heinrich Rantzau im Schloss Breitenburg, das er im Stil der Renaissance prächtig ausbauen ließ. Seine ausgedehnten Finanz- und Kreditgeschäfte tätigte Rantzau auf dem alljährlich stattfindenden Kieler Umschlag. Hier erwarb er wie auch in anderen Städten Stadthäuser.

Der Tod des dänischen Königs Friedrich II., seines langjährigen Dienstherrn, erschütterte Rantzau nachhaltig. Plänen der Königinwitwe, die Herzogtümer unter ihren Söhnen nach verschiedenen Teilungen erneut aufzuteilen, widersetzte sich Rantzau als Vertreter der Ritterschaft. Dieser Konflikt führte 1598 zur Entbindung Rantzaus von seinen Ämtern. Kurz danach starb er in der Neujahrsnacht 1599.

Adresse: Rantzau-Obelisk, Hamburger Straße 64-68, nahe der Kreuzung mit der B432, 23795 Bad Segeberg.

Den Rantzau-Obelisken widmete Heinrich Rantzau, der reichste Gutsbesitzer des Landes und gerühmte Humanist, dem dänischen König Friedrich II..

Ein Stück weiter steht ebenfalls an der Hamburger Straße die Rantzaukapelle. In Bad Segeberg ist außerdem die Marienkirche sehenswert, die älteste dreischiffige Gewölbebasilika der Backsteinromanik Nordelbiens, Kirchplatz 5. Der Kalkberg, auf dem einst die mittelalterliche Burg thronte, bietet die nördlichste Karsthöhle Deutschlands mit dem Fledermauszentrum Noctalis, Oberbergstraße 27, und den Aufführungsort der Karl-May-Festspiele, Karl-May-Platz 1, 23795 Bad Segeberg.

1625: BÜSTE CHRISTIANS IV. IN GLÜCKSTADT – DREISSIGJÄHRIGER KRIEG

Seit 1992 steht neben der Glückstädter Stadtkirche der Nachguss einer Büste Christians IV., deren Original von 1615 im Schloss Rosenborg in Kopenhagen ausgestellt ist.

„Dat schall glücken und dat mutt glücken, und denn schall se ok Glückstadt heten!" Mit diesen Worten soll König Christian IV. von Dänemark 1617 die Stadt Glückstadt an der Elbe gegründet haben. Das Stadtwappen versah er entsprechend mit einer Fortuna, der Glücksgöttin. Glück brauchte er auch, wenn sein Plan erfolgreich sein sollte, diese neue Hafenstadt an der Unterelbe als Konkurrenz zu dem starken Hamburg, der Freien Reichsstadt, und dem Altonaer Hafen der Holsteiner Herzöge auszubauen und die Elbe von hier aus zu beherrschen. Deshalb wurde Glückstadt auch zur Festung und zum Kriegshafen erweitert, und die Bewährungsprobe stand schon bevor. Glückstadt war die einzige schleswig-holsteinische Festung, die während des Dreißigjährigen Krieges (1618–1648) nicht bezwungen werden konnte.

In diesen Krieg wurde Schleswig-Holstein 1625 hineingezogen, als Christian IV. (1577–1648) für die Seite der Lutheraner gegen die kaiserliche Liga Partei ergriff. Die sich daraus ergebenden Spannungen zwischen dem König von Dänemark und dem Herzog von Gottorf sowie der offenbar unlösbare Konflikt zwischen Dänemark und Schweden bestimmten das Kriegsgeschehen auf schleswig-holsteinischem Boden. Der Krieg war nun endgültig zu einem europäischen geworden.

Christian IV. der während des gesamten Dreißigjährigen Krieges König von Dänemark war, hatte nur das eine Ziel, Dänemark zu der entscheidenden Großmacht im Norden zu machen. Sein Herrschaftsbereich reichte vom Nordkap bis Altona und von Island bis zu den südschwedischen Besitzungen und zur Insel Ösel vor Estland. Auch wenn er sich als Verteidiger des protestantischen Glaubens sah, beabsichtigte Christian vor allem, seine Machtposition in Norddeutschland auszubauen. Zusammen mit anderen norddeutschen Staaten führte er ein starkes Söldnerheer zusammen. Der Wunsch seines Cousins, des Gottorfer Herzogs, war dagegen die Neutralität in dem Konflikt, aber die Umstände zwangen ihn, sich mit dem dänischen Erbfeind Schweden zu verbünden.

Nach der dänischen Niederlage in der Schlacht bei Lutter am Barenberge im Harzvorland im August 1626 stand dem Siegeszug der kaiserlichen Armee unter den Generälen Tilly und Wallenstein nichts mehr im Wege, und bis Oktober 1627 eroberten sie die Herzogtümer und ganz Jütland. Auch das Herrschaftsgebiet des Gottorfer Herzogs Friedrich III. wurde trotz seiner neutralen Haltung eingenommen. 1629 wurde in

Lübeck zwischen Wallenstein und dem Dänenkönig einen Friedensvertrag geschlossen, der Christian IV. zwang, sich künftig aus dem Kriegsgeschehen herauszuhalten. Weil sich die kaiserlichen Heere nun dem neuen Hauptgegner Schweden zuwandten, dessen König Gustav II. Adolf, der wie sein dänisches Gegenüber Großmachtpläne verfolgt hatte, aber 1632 in der Schlacht von Lützen fiel, änderte sich der Kriegsschauplatz und die Herzogtümer blieben für einige Jahre vom Kriegsgeschehen verschont.

Nachdem Christian IV. erneut Kriegspläne zu schmieden, Heer und Flotte auszubauen und Festungen wie Christianspries an der Kieler Förde anzulegen begann, kam es im Winter 1643/44 zu einem massiven Angriff der Schweden auf Dänemark, in dessen Verlauf sie ganz Schleswig-Holstein eroberten und Kiel zu ihrem Hauptquartier machten. 1644 gewannen aber die kaiserlichen Truppen unter General Gallas wieder die Oberhand. Das kriegerische Geschehen spielte sich wieder in den Herzogtümern ab, und die Auswirkungen auf die Bevölkerung Schleswigs und Holsteins waren verheerender als jemals zuvor in diesem Krieg, wobei die dänischen Soldaten Christians IV. oftmals weit schlimmer im Land und unter der Bevölkerung wüteten als die Schweden. Am Ende ging Schweden als Sieger aus dieser Auseinandersetzung hervor und wurde nun Schutzmacht des Herzogtums Schleswig-Holstein-Gottorf. 1644 schloss Herzog Friedrich ein Neutralitätsabkommen mit Schweden. Christian IV. hatte seine Kriegsziele verfehlt, und erbittert darüber starb der König 1648 kurz vor dem

Büste Christians IV. von Dänemark in Glückstadt

Westfälischen Frieden. Zurück blieb ein vom Krieg gebeuteltes und dazu hochverschuldetes Land; durch die Verluste von Bremen und Hamburg war Dänemark von einer Großmacht zu einem Mittelstaat geschrumpft, der 1658 im so genannten Panikfrieden von Roskilde alle Besitzungen jenseits des Öresunds an Schweden abtreten und dem Gottorfer Herzog die Souveränität im Schleswiger Anteil des Herzogtums überlassen musste.

Adresse: Büste Christians IV. von Dänemark neben der Stadtkirche, Am Markt, 25348 Glückstadt.

Mit der Gründung der Festungsstadt Glückstadt 1617 verfolgte der dänische König Christian IV. vor allem strategische Pläne, genauso wie 1625 mit dem Eintritt in den Dreißigjährigen Krieg, der für Schleswig-Holstein verheerende Auswirkungen hatte.

Außer der Büste bietet Glückstadt viele weitere Sehenswürdigkeiten wie die Stadtkirche von 1623, den Marktplatz und den Hafen. Im 1632 erbauten Brockdorff-Palais, einem der ältesten Gebäude der Stadt, befindet sich das Detlefsen-Museum, das die Stadtgeschichte präsentiert, Am Fleth 43, 25348 Glückstadt.

1651: RIESENGLOBUS IN SCHLESWIG – GOTTORFER HOF UM HERZOG FRIEDRICH III.

Seinen Hofgelehrten Adam Olearius (1599–1671) beauftragte Herzog Friedrich III. von Schleswig-Holstein-Gottorf mit dem Aufbau einer umfangreichen Bibliothek und der berühmten Kunstkammer, unter anderem mit den wertvollen Gemälden von Lukas Cranach aus der Mitgift seiner Frau Maria Elisabeth von Sachsen. Der wichtigste Auftrag für Olearius aber war 1651 die Konstruktion des riesigen Gottorfer Globus. Diese begehbare Erdkugel aus Schmiedeeisen, Holz und Messing maß im Durchmesser drei Meter und war zu ihrer Zeit das größte Modell der Erde. Auf der Außenseite waren die Kontinente und Ozeane abgebildet; innen war der Sternenhimmel mit allen Sternbildern aufgemalt. Diese Innenseite bot die erste dreidimensionale Darstellung des Sternenhimmels und somit das erste Planetarium der Welt. Wasserkraft erzeugte die Rotationsbewegung des Globus. Olearius gab auch mehrere Schriften heraus, unter anderem zu der von ihm betreuten Kunstkammer und zum Globus.

Mit solchen Initiativen machte Herzog Friedrich III. (1597–1659) Schloss Gottorf zum bedeutendsten Kulturzentrum des Nordens, und das mitten in den Wirren des Dreißigjährigen Krieges. Dieser europäische Krieg stellte die größte Herausforderung seiner Regierungszeit dar. Friedrich III. geriet zwischen die Fronten in dem Konflikt zwischen der antikaiserlichen Politik seines dänischen Lehnsherrn Christian IV. und dem deutschen Kaiser als Lehnsherrn für das Herzogtum Holstein. Um seinen kleinen, noch dazu zerstückelten Staat zu schützen, bemühte er sich um eine konsequente Neutralitätspolitik. Als sich Friedrich dennoch gegen den dänischen König positionierte, nahmen dessen Truppen sein Territorium ein. Die Kämpfe zwischen Schweden und Dänemark fanden zum großen Teil auf holsteinischem Boden statt, und auch kaiserliche Truppen verwüsteten das Land. Weil er im Dreißigjährigen Krieg auf der Seite Schwedens gestanden hatte, erreichte Friedrich III. nach dem Sieg Schwedens über Dänemark im Zweiten Nordischen Krieg 1658 tatsächlich die Aufhebung der dänischen Lehnshoheit über die gottorfschen Anteile des Herzogtums Schleswig, also seine Souveränität.

Seine Wirtschaftskraft verdankte der Gottorfer Staat vor allem dem Reichtum der Marschen an der Westküste. Aber nach der „Zweiten Groten Mandränke" von 1634, die so vielen Menschen das Leben kostete und die Nordseeküste und die nordfriesischen Inseln so drastisch zerstückelte, musste Herzog Friedrich seine Pläne zur Eindeichung des Landes und Landgewinnung fallen lassen. Auch seine ehrgeizigen Pläne mit dem Fernhandel waren nicht von Erfolg gekrönt. 1621 hatte der Herzog mit Friedrichstadt eigens einen Hafen an der Nordsee gegründet. 1633 und 1635 entsandte er Expeditionen, um Handelsrouten nach Russland und Persien zu finden. Um Waren wie Seide und Gewürze aus Persien lagern zu können, ließ Friedrich in Kiel am Markt zwischen 1632 und 1638 die so genannten Persianischen Häuser als Packhäuser er-

Riesenglobus des Adam Olearius

Herkulesstatue im Gottorfer Barockgarten

richten. Aber weder gelang ein Handelsabkommen mit dem russischen Zaren noch mit dem persischen Hof in Isfahan. Friedrichs Fernhandelspläne waren gescheitert. Teilnehmer der Expeditionen war auch der Gesandtschaftssekretär Adam Olearius, der seine Reiseerlebnisse in einer viel beachteten „Beschreibung der Muscowitischen und Persischen Reyse" festhielt.

Nachhaltigeren Erfolg erzielte Friedrich III. mit seinen wissenschaftlichen und kulturellen Projekten. Seine Residenz Schloss Gottorf, die vierflügelige Schlossanlage an der Schlei, machte er zu einem Zentrum der europäischen Geisteswelt. Namhafte Künstler holte er an seinen Hof wie den Rembrandt-Schüler Jürgen Ovens als Hofmaler und den begabten Bildschnitzer Hans Gudewerth den Jüngeren. Auch das Musikleben am Hof erlebte durch die Bildung einer Hofkapelle und eines höfischen Balletts eine Blütezeit. Einen Glanzpunkt Gottorfs bildeten auch die Gartenanlagen, der erste terrassenartig angelegte Barockgarten Nordeuropas mit Lustschloss, Teichen und Wasserspielen sowie Skulpturen.

Adresse: Globushaus im Barockgarten, Schloss Gottorf, Königsallee 9, 24837 Schleswig.

Der begehbare Globus, der in seinem Inneren den Sternenhimmel präsentiert, ist ein Werk des Gelehrten Adam Olearius, der ihn 1651 für seinen Gottorfer Herzog schuf. Er ist in Schleswig als Nachbau zu erleben.

Der Riesenglobus ist nur eine der unzähligen Sehenswürdigkeiten im Landesmuseum Schloss Gottorf und auf dem Schlossgelände. Auch die Anlage des Barockgartens lohnt einen Besuch. Unterhalb des Globushauses steht eine Herkulesstatue von Cornelis van Mander inmitten eines Teiches. Insgesamt legen diese Attraktionen ein Zeugnis ab für die herausragende kulturelle Blüte der Gottorfer Residenz zu der Zeit Herzog Friedrichs III. von Schleswig-Holstein-Gottorf.

1665: GLOCKENTURM DER UNIVERSITÄTSKIRCHE IN KIEL – GRÜNDUNG DER CHRISTIAN-ALBRECHTS-UNIVERSITÄT

Anlässlich des 300-jährigen Jubiläums der Christian-Albrechts-Universität in Kiel wurde 1965 eine neue Universitätskirche eingeweiht. Nach den Entwürfen der Kieler Architekten Herbert Weidling und Erhart Kettner zeigt dieses Gotteshaus eine klare, reduzierte Formensprache mit prägender Lichtdurchlässigkeit und Leichtigkeit. Die Grundform ist das Dreieck im Grundriss, in den Seitenwänden und den bunten Glasfenstern, als Symbol für den Geist der Wissenschaften wie auch für die Dreieinigkeit Gottes. Neben der Kirche entstand in den 60er Jahren auf dem Universitätsgelände am Westring eine Vielzahl moderner Bauten, das Universitätshochhaus von 1964, die Bibliothek von 1966 und das Auditorium Maximum von 1969.

Die ursprüngliche Universitätskirche zur Zeit der Universitätsgründung 1665 war die im 14. Jahrhundert erbaute Klosterkirche, die Heiliggeistkirche des Franziskanerklosters in der Altstadt, die im Zweiten Weltkrieg 1943 zerstört wurde.

Die Pläne zur Gründung einer Universität, für die Herzog Friedrich III. von Schleswig-Holstein-Gottorf 1652 ein kaiserliches Privileg erhalten hatte, mussten wegen der Folgen des Dreißigjährigen Krieges zurückgestellt werden. Friedrich III. starb am 10. August 1659 in der Festung Tönning. Wegen der kriegerischen Auseinandersetzung mit Dänemark konnte der Sarg nicht eher als 1661 in den Schleswiger Dom überführt werden. Erst Friedrichs Sohn Christian Albrecht konnte die Universitätsgründung in

Glockenturm der Kieler Universitätskirche

Gedenktafel an der Klosterkirche in der Falckstraße 9, 24103 Kiel

Kiel, der damals bedeutendsten Stadt im gottorfschen Teil Holsteins, 1665 verwirklichen.

Die Christiana Albertina, die Christian-Albrechts-Universität in Kiel, wurde 1665 von Herzog Christian Albrecht von Schleswig-Holstein-Gottorf gegründet. Er erfüllte damit einen testamentarischen Auftrag seines Vaters, der vom deutschen Kaiser die Erlaubnis erhalten hatte, in seinem Herrschaftsgebiet eine Universität zu gründen, um den steigenden Bedarf an akademisch gebildeten Landesbeamten und protestantischen Geistlichen zu stillen. Da es eine Stadt im Herzogtum Holstein, dem kaiserlichen Lehensgebiet, sein sollte, fiel die Wahl auf Kiel, zumal dem Herzog ein günstiges, nämlich kostenloses Raumangebot im ehemaligen, seit der Reformation säkularisierten Franziskanerkloster unterbreitet wurde. Die Stadt erhoffte sich wirtschaftliche Vorteile von der Ansiedlung einer Universität.

Am 5. Oktober 1665 fand die feierliche Einweihung der Universität im Kieler Schloss statt. Der Herzog als erster Rektor überreichte die Insignien der Universität, das Zepter, den Mantel des Prorektors sowie das Siegel der Hochschule mit dem lateinischen Leitspruch „Pax optima rerum" („Frieden ist das beste der Güter"), an den Prorektor und die achtzehn Professoren, die im Kieler Kloster 162 Studenten unterrichten sollten. Diese waren den vier klassischen Fakultäten zugeordnet: Theologie, Jura, Medizin und Freie Künste/Philosophie.

Als im 18. Jahrhundert aufgrund des Gebäudeverfalls der Niedergang der erst hundertjährigen Hochschule drohte, finanzierte Zarin Katharina die Große, durch ihren Gemahl Peter III. auch Herzogin von Holstein-Gottorf, den notwendigen Neubau eines Universitätsgebäudes durch den Baumeister Ernst Georg Sonnin, den Erbauer des Hamburger Michels. Der schlichte Backsteinbau in der Kattenstraße blieb bis 1876 das Hauptgebäude der Hochschule. Der Universität blieben die Farben lila-weiß, die Lieblingsfarben der Zarin, die sie den Kieler Studenten stiftete. Zwischen 1815 und 1848 erwachte die Kieler Universität zum geistigen und zugleich politischen Zentrum der Herzogtümer und spielte eine bedeutsame Rolle in den nationalstaatlichen Auseinandersetzungen zwischen Schleswig-Holstein und Dänemark.

Adresse: Glockenturm der Universitätskirche, Christian-Albrechts-Universität, Westring 385, 24118 Kiel.

Die Christian-Albrechts-Universität konnte 2015 auf eine 350-jährige bewegte Geschichte zurückblicken, die mit der Gründung durch Herzog Christian Albrecht von Schleswig-Holstein-Gottorf 1665 begann. 1965 wurde eine neue Universitätskirche geweiht.

Umgeben ist die Universitätskirche von Zeugnissen moderner Architektur der 1960er Jahre, die ein bemerkenswertes Ensemble auf dem Universitätscampus bilden. Im westlichen Teil des Universitätsgeländes ist der Botanische Garten beheimatet, der auf acht Hektar Fläche und in sieben großen Gewächshäusern einen Einblick in die vielfältige Pflanzenwelt aller Kontinente bietet, Am Botanischen Garten 1-9, 24118 Kiel.

32 1675: ALTER JÜDISCHER FRIEDHOF – ERSTE JÜDISCHE BÜRGER IN FRIEDRICHSTADT

Auf dem alten jüdischen Friedhof in Friedrichstadt sind nur noch siebzehn alte Grabsteine, im Halbrund um einen Gedenkstein stehend, zu finden. 1677 fand der Friedhof zum ersten Mal Erwähnung. Da er die einzige jüdische Begräbnisstätte im nördlichen Schleswig-Holstein war, erwies er sich trotz mehrfacher Erweiterung schnell als zu klein. 1887 eröffnete die jüdische Gemeinde ein neues Friedhofsgelände. Während der nationalsozialistischen Herrschaft wurde die jüdische Gemeinde gezwungen, die vorhandenen Grabsteine auf ihren Friedhöfen umzulegen und mit einer Erdschicht zu bedecken. Nach dem Zweiten Weltkrieg wurden die Gräber freigelegt und teilweise wiederhergestellt.

1577 waren jüdische Familien auf der Flucht vor der Inquisition in Spanien nach Hamburg gekommen. Wenige Jahre später erlaubten die Schauenburger Grafen 1584 den ersten Juden die Niederlassung in Altona mit einem eigenen Friedhof. 1612 erhielten die Altonaer Juden durch den Grafen von Schauenburg erstmals ein Generalprivileg, das ihnen das Recht zu Aufenthalt, freier Religionsausübung und Erwerbstätigkeit sowie landesherrlichen Schutz zusicherte. Die erteilten Privilegien wurden 1641 durch das Generalprivileg König Christians von Dänemark bestätigt und erweitert.

Für seine Neugründung Friedrichstadt nach holländischem Vorbild, seine ambitionierte Hafenstadt an der Nordsee, warb Herzog Friedrich III. von Schleswig-Holstein-Gottorf 1621 Angehörige verschiedener Religionsgemeinschaften als Siedler an, indem er ihnen neben Steuer- und Zollfreiheit vollständige Religionsfreiheit versprach. 1675 ließ sich erstmalig auch ein jüdischer Händler namens Moses Marx hier nieder, dem ebenfalls von Friedrich III. freie Religionsausübung zugestanden wurde. Ihm folgten weitere jüdische Bürger aschkenasischen Glaubens. Ihre Zahl war nicht beschränkt, sie durften hier Grundbesitz erwerben und ohne Einschränkungen Handel in kleinen Städten, in Dörfern und auf Märkten im gesamten Gebiet der Herzogtümer Schleswig und Holstein treiben.

Die gesetzliche Stellung der Juden war in den Privilegien der Landesherren geregelt. Handel war den aschkenasischen Juden durch diese Privilegien nur als wandernde Händler erlaubt, wogegen die sephardischen Juden völlige Freizügigkeit auch in Bezug auf ihren Handel genossen. Erst im Laufe des 19. Jahrhunderts eröffneten jüdische Bürger eigene Läden in Friedrichstadt selbst. In der ersten Hälfte des 19. Jahrhunderts erreichte die Zahl jüdischer Mitbürger mehr als 400 Menschen; sie bildeten nach der evangelisch-lutherischen die zweit-

Alter jüdischer Friedhof

größte der insgesamt sieben Glaubensgemeinschaften der Stadt. Damit zählte Friedrichstadt zu den größten jüdischen Gemeinden in Schleswig-Holstein.
Die ersten Synagogen entstanden 1630 in Altona, 1686 in Moisling, 1732 in Rendsburg, 1749 in Elmshorn und 1782 in Kiel. Nach der Anfangszeit mit gottesdienstlichen Zusammenkünften in Privathäusern erwarb die jüdische Gemeinde in Friedrichstadt 1734 das Haus an der Ecke Fürstenburgwall/Binnenhafen und richtete hier ihre erste Synagoge ein. 1847 wurde wegen der großen Zahl von mehr als 400 Gläubigen ein größerer Synagogenneubau eingeweiht, dessen Innenraum am 10. November 1938 von den Nationalsozialisten verwüstet wurde. Eine endgültige rechtliche Gleichstellung der jüdischen Bürger erfolgte im Herzogtum Schleswig 1854, in Holstein erst 1863.

Grabstein auf dem Jüdischen Friedhof

Adresse: Alter jüdischer Friedhof,
Am Treenefeld/Flachsblumenstraße, 25840 Friedrichstadt.

Bei der Gründung seiner Stadt 1621 versprach Herzog Friedrich III. den Siedlern völlige Religionsfreiheit. Diesem Angebot folgten neben mehreren anderen Konfessionen Remonstranten, Mennoniten, Katholiken, Lutheraner, Unitarier und Quäker und auch viele jüdische Familien.

Friedrichstadt lädt zu einem intensiven Stadtbummel ein, der einen Ausflug in die Vergangenheit verspricht und durch die schönen Gassen zu Stätten wie den alten Bürgerhäusern im Stil der holländischen Renaissance, zu der Alten Münze, einem der schönsten Gebäude Friedrichstadts mit dem Museum für Stadtgeschichte, zu den vielen Kirchen und der ehemaligen Synagoge, Am Binnenhafen 17, führt. Eine einstündige Bootsrundfahrt durch die malerischen Grachten, den Hafen, einen Teil der Eider und der Treene unter 18 Brücken hindurch hilft, das Holländerstädtchen zu entdecken, Am Deich, 25840 Friedrichstadt. Auch Paddel- oder Tretboote stehen zur Verfügung. Oder man radelt auf dem Eider-Treene-Sorge-Radweg durch die idyllischen Flusslandschaften. Vielleicht reizt auch ein Ausflug in das nahe Storchendorf Bergenhusen, 24861 Bergenhusen.

1699: EINGANG ZUM WALFÄNGERHAUS – WALFANG

Die Unterkieferknochen eines Wales, begehrte Trophäen der Walfänger, schmücken den Eingang zum Garten des Lorens-Petersen-de-Hahn-Hauses im Freilichtmuseum Molfsee. Lorens Petersen de Hahn ließ 1699 für sich und seine Frau Inge dieses Haus in Westerland auf Sylt bauen. Seit 1693 arbeitete er auf Walfangschiffen, wurde Kommandeur und unternahm insgesamt 38 Fangreisen.

Der Anfang des 17. Jahrhunderts beginnende Walfang bescherte den nordfriesischen Inseln ein „Goldenes Zeitalter". Nach dem Niedergang der Hanse und der Erkundung des Seeweges in die Neue Welt stiegen die Niederlande zu der führenden Wirtschafts- und Seefahrermacht Europas auf. Auch der lukrative Walfang lockte die Holländer. Da es schon immer enge Verbindungen zwischen Nordfriesland und den Niederlanden gab, fanden viele Nordfriesen Arbeit an Bord niederländischer Schiffe. Die wirtschaftliche Not nach der großen Mandränke von 1634 veranlasste sie, bei den holländischen Grönlandfahrern als Harpuniere, Speckschneider, Steuerleute und vielfach sogar als Kommandeure anzuheuern. Und die holländi-

Eingang zum Lorens-Petersen-de-Hahn-Haus, Freilichtmuseum Molfsee

schen Reeder wählten gern für ihre Walfängerflotte erfahrene nordfriesische Seeleute. Oft bestanden komplette Besatzungen aus Männern von Föhr, Sylt oder Amrum.

Der Walfang in den nördlichen Polargewässern und vor Grönland war nur in den Sommermonaten möglich. Die Männer verließen zwischen dem 22. Februar und Anfang März ihre nordfriesische Heimat und zogen nach Holland. Der 22. Februar ist der Petritag, der an die Berufung des Apostels Petrus, des Schutzheiligen der Fischer und Schiffer, auf den römischen Bischofsstuhl erinnert. Zugleich signalisierte dieser Tag der Schifffahrt das Ende der Winterpause; am Vorabend wurde auf den nordfriesischen Inseln das traditionelle Biikebrennen zur Verabschiedung der Walfänger veranstaltet. Anfang April verließen die Walfangschiffe Holland in Richtung Spitzbergen oder Grönland. Sobald die Schiffe voll beladen waren, was bei günstigen Fangverhältnissen nur wenige Wochen dauerte, spätestens aber im Nachsommer kehrten die Fangflotten wieder zurück. Auch die Nordfriesen, entsprechend ihrem Dienstgrad am Fangergebnis beteiligt, fuhren für den Winter mit meist gutem Verdienst auf ihre Inseln zurück. Mit dem Walfang wurden viele Nordfriesen reich, denn die Produkte dieser Tiere, vor allem Tran und Öl, waren begehrt.

Mit dem Fangruf „Fall Fall! Öwerall!" aus dem Krähennest, dem Ausguck am Großmast, begann die Jagd. Die offenen Boote näherten sich dem Wal so weit wie möglich. Im passenden Augenblick schleuderte der Harpunier vorne im Boot seine Waffe auf den Wal. Mit der an der Harpune befestigten Leine wurde der Wal an der Flucht gehindert. Das schließlich völlig ermüdete Tier konnte dann von den Lanzen der Walfänger endgültig erlegt und zu den großen Walfangschiffen geschleppt werden. An Bord wartete die Arbeit des Abspeckens, Zerschneidens und Trankochens auf die Seeleute.

Diese Seefahrerkultur auf den nordfriesischen Inseln veränderte die sozialen Verhältnisse grundlegend. Die wohlhabenden Kapitäne und Kommandeure der Walfangschiffe bildeten rasch die neue Oberschicht der Inselwelt. Auch die Stellung der Frauen war einem drastischen Wandel unterworfen, denn sie mussten während der langen Abwesenheit ihrer Männer die meist ertragsarme Landwirtschaft übernehmen, das galt vor allem für die Witwen.

Bald beteiligten sich ebenso Hamburger, Altonaer, Glückstädter und Kopenhagener Reeder an dem vielversprechenden Geschäft. Auch von diesen Städten stachen Grönlandfahrer in See. Aber der Walfang brachte mit der Zeit immer weniger ein, da die Tierbestände aufgrund rücksichtsloser Überfischung deutlich zurückgingen. Viele nordfriesische Seefahrer engagierten sich deshalb gegen Ende des 18. Jahrhunderts in der Handelsschifffahrt. Die Kontinentalsperre während der Napoleonischen Kriege beendete die Zeit des Walfangs in den Herzogtümern endgültig.

Adresse: Eingang zum Lorens-Petersen-de-Hahn-Haus, Freilichtmuseum Molfsee, Hamburger Landstraße 97, 24113 Molfsee.

Im Lorens-Petersen-de-Hahn-Haus kann man erahnen, wie die Walfänger im 17. Jahrhundert lebten. Durch den lukrativen Walfang auf holländischen Schiffen im Nordpolarmeer waren viele Bewohner der nordfriesischen Inseln zu beträchtlichem Wohlstand gekommen.

Im größten Freilichtmuseum Norddeutschlands in Molfsee sind auf einem 60 Hektar großen Gelände mehr als 70 wiederaufgebaute historische Gebäude wie Bauernhäuser, Scheunen, Mühlen und Handwerksbetriebe, nach schleswig-holsteinischen Landschaften geordnet, zu besichtigen. Zu bestimmten Zeiten können die Besucher Handwerker wie Töpfer, Weber, Drechsler, Korbmacher und Schmied bei ihrer Tätigkeit beobachten.

1714: SCHLOSSMODELL TÖNNING – GROSSER NORDISCHER KRIEG

Das Modell des ehemaligen Schlosses von Tönning erinnert an die Bedeutung dieser Festung der Gottorfer Herzöge, vor allem während des Großen Nordischen Krieges.

Schleswig-Holstein glich seit dem 16. Jahrhundert durch die zahlreichen Landesteilungen einem Flickenteppich aus königlich und herzoglich verwalteten Gebieten, neben denen es auch noch gemeinsam regierte Teile gab. Im Dreißigjährigen Krieg trafen Schweden und Dänemark als Gegner aufeinander. Die Gottorfer Herzöge hatten wenig Erfolg damit, in diesem Konflikt ihre Neutralität zu wahren. Schweden war zwar bereit, die Gottorfer Interessen zu schützen, war aber aufgrund militärischer Niederlagen kaum in der Lage dazu. Diese Situation nutzte Christian V. von Dänemark (1646–1699) dazu, Herzog Christian Albrecht (1641–1694) zu zwingen, die eigene Souveränität aufzugeben, die dänische Oberhoheit anzuerkennen, das Gottorfer Heer aufzulösen und die Festung seines Vaters in Tönning zu schleifen. Nachdem der dänische König 1676 Gottorfer Territorium besetzen ließ, wählte Christian Albrecht das Hamburger Exil. Seinen Einfluss auch auf Hamburg auszudehnen, gelang dem König hingegen nicht. 1689 zwang eine antidänische Allianz ihn dann doch zur Aufgabe seiner Pläne und zur Wiederherstellung der alten Gottorfer Rechte.

Die Schleswig-Holstein-Frage blieb allerdings nach wie vor mit der nordeuropäischen Politik verknüpft. König Christians Sohn Frederik IV. (1699–1730) machte sich die Verwicklung der Großmächte in den Spanischen Erbfolgekrieg und die Auseinandersetzungen zwischen Schweden und Russland im Großen Nordischen Krieg (1700–1721) zunutze, um eigene Interessen zu verfolgen, die „Gottorfer Frage" endgültig zu lösen und die zersplitterten königlichen, herzoglichen und gemeinsam verwalteten Teile Schleswig-Holsteins zu vereinen. Weil der Gottorfer Herzog auch in diesem Konflikt zwischen Schweden und Dänemark sich wieder auf die schwedische Seite stellte, nutzte der dänische König diesen erneuten Bruch der Neutralität, um sämtliche Gottorfer Territorien zu besetzen. Im Jahr 1700 marschierte die dänische Armee in die Besitzungen des Gottorfer Herzogs ein. Vor Tönning, das sie vergeblich belagerten, geriet der Vorstoß der Dänen zunächst ins Stocken. Aber auch diese Festung musste nach langem Kampf schließlich 1714 von den Gottorfern aufgegeben werden.

Als der schwedische König Karl XII. 1718 starb, war der Krieg zu Ende. Nach diesem Großen Nordischen Krieg hatten sich die Machtverhältnisse im Ostseeraum völlig verändert. Während Schweden seine Vormachtstellung verlor, stieg Russland zur Großmacht auf. Die katastrophale Niederlage Schwedens besiegelte auch das Schicksal des verbündeten Gottorfer Staates. Der Frieden von Frederiksborg zwang Schweden 1720 dazu, auf jede zukünftige Einmischung zugunsten der Gottorfer zu verzichten und Dänemark den Besitz der herzoglichen Anteile in Schleswig und Hol-

Modell des Schlosses in Tönning

Stuckelemente des ehemaligen Schlosses

stein zu garantieren. Das rief den deutschen Kaiser als Lehnsherrn über Holstein auf den Plan, und die Gottorfer erhielten ihre holsteinischen Anteile zurück. Die Tatsache, dass der dänische König alleiniger Herr über Schleswig blieb, leitete die Zeit des Dänischen Gesamtstaates ein, der aber erst 1773 mit dem Verzicht der Gottorfer auf ihre holsteinischen Besitzungen vollendet wurde. Aus dem Herzogtum Schleswig-Holstein-Gottorf war Holstein-Gottorf geworden, das Teil des Dänischen Gesamtstaates war und dessen neue Residenz Kiel wurde. Der Große Nordische Krieg stellte für Schleswig-Holstein einen historischen Wendepunkt dar. Aber auch danach blieb die Gottorfer Frage noch für ein halbes Jahrhundert ungelöst.

Adresse: Schlossmodell Tönning, Schlosspark, 25832 Tönning.

Das Modell im Schlosspark von Tönning stellt eine vergröberte Rekonstruktion der ehemaligen Festung dar. Tönning spielte im Großen Nordischen Krieg, in dem die nordeuropäischen Großmächte um die Vorherrschaft im Ostseeraum kämpften, eine besondere Rolle als Festung der Herzöge von Gottorf.

Tönning ist darüber hinaus mit seiner Altstadt, der St. Laurentiuskirche mit einer großartigen Deckenmalerei, mit dem imposanten alten Kanalpackhaus und seinem Hafen ein beliebtes touristisches Ziel. Das Nationalpark-Zentrum Multimar Wattforum lädt in einer faszinierenden interaktiven Ausstellung inklusive Großaquarien und Walausstellung zur Erforschung des UNESCO- Weltnaturerbes Wattenmeer ein, Dithmarscher Straße 6 a, 25832 Tönning. An der Mündung der Eider in die Nordsee sollte unbedingt das größte deutsche Küstenschutzbauwerk besichtigt werden, das Eidersperrwerk, 25764 Wesselburenerkoog.

1762: DENKMAL FÜR PETER III. IN KIEL – HOLSTEINER HERZOG ALS ZAR VON RUSSLAND

Die lebensgroße Bronzestatue des russischen Künstlers Alexander Taratynov aus dem Jahr 2014 vor dem Rantzaubau des Kieler Schlosses porträtiert Zar Peter III. mit einem Zweispitz auf dem Kopf, dem Säbel am Gurt und einer Pergamentrolle mit der Aufschrift „Frieden" in der Hand. Der Abstand zu dem leeren Thron soll das frühe Ende seiner Herrschaft symbolisieren.

Der am 21. Februar 1728 im Kieler Schloss geborene Carl Peter Ulrich von Holstein-Gottorf war der Sohn der Zarentochter Anna Petrowna und des Herzogs Karl Friedrich von Holstein-Gottorf. Als nach dem frühen Tod der Mutter unmittelbar nach seiner Geburt auch sein Vater 1739 starb, wurde Carl Peter Ulrich Herzog von Holstein-Gottorf, das nach 1713, als die im Herzogtum Schleswig liegenden holsteinischen Besitzungen verloren gingen, nur noch ein Rumpfstaat war.

Im Leben des Dreizehnjährigen trat im Februar 1742 eine entscheidende Wende ein, als ihn seine kinderlose Tante, Zarin Elisabeth von Russland, Schwester seiner früh verstorbenen Mutter und wie diese eine Tochter Peters des Großen, zu ihrem Nachfolger wählte. Nach dem jubelnden Empfang in St. Petersburg stellte sich für den jungen Mann trotz des Prunks und des angenehmen Lebens am Zarenhof rasch die Ernüchterung ein. Mit der Zarenherrschaft war auch der Thronfolger, der Zarewitsch, ständig von Aufständen bedroht. Er zog sich immer mehr zurück und widmete sich den Wissenschaften, der Literatur und den Sprachen. Nur Russisch sprach er widerwillig.

1745 wurde Pjotr Fjodorowitsch, wie er als künftiger Zar hieß, durch Vermittlung Friedrichs des Großen von Preußen mit der deutschen Prinzessin Sophie Auguste Frederike von Anhalt-Zerbst verheiratet. Die Ehe war von Beginn an ein Desaster und endete in einer wahren Katastrophe. Als Peter Ulrich nach dem Tod seiner Tante Elisabeth am 5. Januar 1762 den Thron als Zar Peter III. bestieg, entwickelte sich seine ehrgeizige Frau, die nun Katharina genannt wurde, zur Konkurrentin, die weitgehend ihr unabhängiges Leben führte und den Zaren als infantilen Trunkenbold und Dummkopf darzustellen begann.

Sicher war dieser Zar ein zwiespältiger Charakter. Aber zumindest beendete er zwischenzeitlich den Siebenjährigen Krieg (1756 bis 1763), in dem unter anderem Russland gegen Preußen gekämpft hatte. Dagegen ging er aufgrund des fortdauernden Konflikts um sein Stammherzogtum Holstein in deutliche Konfrontation zu Dänemark. Er plante sogar einen Krieg gegen Dänemark, um seinen Rechtsanspruch durchzusetzen und den ehemaligen Gottorfer Staat in alter Größe wiederherzustellen. Unbestreitbar leitete er mehr als zweihundert tiefgreifende Reformen in die Wege: Religionsfreiheit, Bauernbefreiung, Abschaffung der Todesstrafe und Bildungspflicht für alle Kinder. Allerdings schuf er sich damit auch viele Feinde aus dem russischen Adel, mit denen sich Katharina verbündete. Mit vierunddreißig Jahren wurde er 1762 nach nur 186 Tagen auf dem Zarenthron erst zur Abdankung gezwungen, schließlich gefangen genommen und kurze Zeit später im Juli 1762 Opfer eines nie vollständig geklärten Mordkomplotts. Offen bleibt, inwieweit Katharina an der Ermordung ihres Mannes beteiligt war.

Zarin Katharina die Große (1729–1796) trat das Erbe Peters III. an. Damit wurde sie zugleich Herzogin im Herzogtum Holstein, das sie auf ihren minderjährigen Sohn Paul übertrug. In Zarskoje Zelo wurde 1773 nach der Mündigkeit Pauls ein Vertrag zwischen dem jungen russischen Großfürsten und dem König von Dänemark geschlossen, in dem Paul seinen Anteil am Herzogtum Holstein an Dänemark abtrat. Die Gottorfer Linie erhielt als Ausgleich die Grafschaften Oldenburg und Delmenhorst. Damit war die langjährige Auseinandersetzung der Gottorfer mit dem dänischen König beendet, und die so genannte „Gottorfer Frage" war gelöst. Mit diesem Vertrag entstand der Dänische Gesamtstaat.

Denkmal Peters III. vor dem Kieler Schloss

Adresse: Denkmal Peters III., Rantzaubau des Schlosses, Dänische Straße 44, 24103 Kiel.

Der junge Herzog Carl Peter Ulrich von Holstein-Gottorf wurde 1762 zum russischen Zaren Peter III. gekrönt, veranlasste während seiner kurzen Herrschaft zahlreiche Reformen, wurde dann aber von seiner Frau Katharina der Großen gestürzt und schließlich ermordet.

Das Standbild des Zaren steht vor den Resten des ehemaligen Kieler Schlosses, vor dem Pelli- oder auch Rantzaubau von 1695. Der Blick des Porträtierten ist in den schön gestalteten Schlossgarten gerichtet, der dem Spaziergänger ein Reiterstandbild des deutschen Kaisers Wilhelm I. bietet sowie einen Zugang zur Kunsthalle, Düsternbrooker Weg 1, 24105 Kiel. An den Seiten des Schlossgartens liegen weitere Museen, das Medizinhistorische Museum, Brunswiker Straße 2, das Zoologische Museum, Hegewischstraße 3, sowie das Schifffahrtsmuseum, Wall 65. Unterhalb des Schlosses befindet sich der Ostseekai, an dem auch die Kiellinie beginnt, die lange Flaniermeile entlang der Förde.

36 1773: DÄNISCHER GRENZSTEIN IN NORDERSTEDT – DÄNISCHER GESAMTSTAAT

Der Grenzstein Nr. 31 von 1782 mit der Inschrift „HP/C7/1782/No.31" meinte: „Herrschaft Pinneberg/Christian VII./1782/No.31" und grenzte das ehemalige Gut Tangstedt von Harksheide ab. Dieser Grenzstein markierte zugleich die Grenze des Dänischen Staates unter König Christian VII., der bis in den Süden Schleswig-Holsteins reichte.

Die Zugehörigkeit der Herzogtümer Schleswig und Holstein zum Königreich Dänemark bedeutete, dass sie Teil eines mehrsprachigen und multikulturellen Gesamtstaates waren, der den Raum von der Elbe bis zum Nordkap sowie Dänemark, Norwegen, Teile Südschwedens, die Herzogtümer Schleswig und Holstein, Grönland und die atlantischen Kolonien umfasste. Mit dem Begriff „Gesamtstaat" war das Staatswesen gemeint, das in Personalunion vom dänischen König als Herzog regiert wurde.

Staatsrechtlich gehörte das Herzogtum Schleswig als dänisches Reichs- und Königslehen zu Dänemark, das Herzogtum Holstein hingegen als deutsches Lehen weiterhin zum Heiligen Römischen Reich Deutscher Nation. In den Herzogtümern lehrten Dänen an der Kieler Universität oder taten ihren Dienst als Soldaten in den dänischen Festungen Schleswig-Holsteins. Deutsche wiederum arbeiteten in der dänischen Hauptstadt als Handwerker, Kaufleute oder Beamte in der Deutschen Kanzlei. Die Kommandosprache beim dänischen Militär war bis 1773 Deutsch. Die zentrale Verwaltung des Dänischen Gesamtstaats in Kopenhagen oblag für das Königreich Dänemark und Norwegen der Dänischen Kanzlei und für die Herzogtümer der Deutschen Kanzlei. Alle Beamten mussten zwei Jahre an der Kieler Universität studiert haben.

Dänischer Grenzstein Nr. 31 in Norderstedt

Nach dem Großen Nordischen Krieg wurde dem dänischen König 1720 zunächst der gesamte gottorfsche Besitz zugesprochen. Dagegen aber gab es Widerstand vonseiten des deutschen Kaisers als Lehnsherrn des Herzogtums Holstein, und die Gottorfer erhielten zumindest ihre holsteinischen Gebiete zurück. Im Vertrag von Zarskoje Zelo verzichtete der russische Thronfolger Paul 1773 auf seine holsteinischen Besitzungen, die er von seinem Vater, dem holsteinischen Herzog und russischen Kaiser Peter III., geerbt hatte. Mit diesem politischen Vorgang war der Dänische Gesamtstaat geschaffen, der bis 1864 Bestand hatte.

Da die Regierungszeit Christians VII., der 1808 in Rendsburg starb, von seiner langen psychischen Krankheit überschattet war, erwuchs in Kronprinz Frederik der eigentliche Regent. Er war im Geist der Aufklärung aufgewachsen und führte etliche Reformen ein, vor allem die Abschaffung der Leibeigenschaft durch eine umfangreiche Agrarreform von 1788. Dänemark und die Herzogtümer Schleswig und Holstein erlebten in dieser Phase eine Blütezeit. Im Sinne des aufgeklärten Absolutismus und des Merkantilismus trachtete die Politik des Gesamtstaats danach, den Wohlstand seiner Bürger zu vermehren, was durchaus auch negative Aspekte hatte. So kamen durch den berüchtigten transatlantischen Dreieckshandel viele Kaufleute aus Kopenhagen, Flensburg und Altona zu beträchtlichem Vermögen. Heinrich Carl Schimmelmann, Finanzberater des dänischen Königs, zum Beispiel exportierte Baumwollprodukte nach Afrika, war am Sklaventransport in die dänischen Kolonien beteiligt und importierte Zucker von den 1666 in dänischen Besitz genommenen karibischen Jungfern-Inseln St. Thomas, St. Jan und St. Croix. Er war nach heutigen Begriffen ein Global Player, vor allem aber auch ein Sklavenhändler. Allerdings wurden ebenso bemerkenswerte innovative Projekte in Angriff genommen, wie der von 1777 bis 1784 gebaute Schleswig-Holsteinische Canal (Eiderkanal), der die Untereider bei Rendsburg mit der Kieler Förde verband; eine technische Meisterleistung. Die Aufhebung der Feldgemeinschaften und der Leibeigenschaft leitete den Beginn eines sozialen und wirtschaftlichen Aufstiegs im 19. Jahrhundert ein. Nicht nur in der Ökonomie, auch in den Wissenschaften und der bildenden Kunst wurde die Zeit des Gesamtstaats als „Goldenes Zeitalter" bezeichnet. In der 1784 gegründeten Königlich Dänischen Akademie der Schönen Künste in Kopenhagen, dem kulturellen Mittelpunkt des Gesamtstaates, studierten auch viele schleswig-holsteinische Künstler.

Die große Zeit des Dänischen Gesamtstaates ging schon 1814 nach den Napoleonischen Kriegen nieder, nachdem Dänemark auf der Seite des Verlierers gestanden hatte, mit dem Kieler Frieden, mit dem Verlust Norwegens und dem Staatsbankrott. Endgültig endete der Gesamtstaat nach der Niederlage Dänemarks gegen Preußen und Österreich 1864.

Adresse: Dänischer Grenzstein Nr. 31, Ulzburger Straße 558/Ecke Zwickmoor, 22846 Norderstedt.

Der Grenzstein markiert die Grenze des Dänischen Gesamtstaates, zu dem die Herzogtümer Schleswig und Holstein von 1773 bis 1864 gehörten und der seinen Teilstaaten in vielerlei Hinsicht eine Blütezeit bescherte.

In Harksheide liegt der Norderstedter Stadtpark mit einem Arboretum. Hier fand 2011 die Landesgartenschau statt, Stormarnstraße 55, 22844 Norderstedt. Lohnend ist auch ein Ausflug zum Himmelmoor, einem 10.000 Jahre alten und dem ehemals größten schleswig-holsteinischen Hochmoor bei Quickborn, Himmelmoorchaussee 63, 25451 Quickborn. Norderstedt liegt vor den Toren der Hansestadt Hamburg, die mit der U-Bahn in etwa 30 Minuten zu erreichen ist.

1784: SCHLEUSE KLUVENSIEK – BAU DES EIDERKANALS

Die Schleuse bei Kluvensiek war eine der sechs Schleusen im Eiderkanal, die den Höhenunterschied von sieben Metern im Laufe des Kanals ausglichen.

Die Kimbrische Halbinsel bildete seit der Frühzeit die Verbindungsbrücke zwischen Mittel- und Nordeuropa, auf der der alte Heerweg oder Ochsenweg den Hauptverkehrsweg darstellte. Aber die Halbinsel war zugleich das größte Verkehrshindernis, denn der Seeweg von der Ostsee in die Nordsee über den Sund und Skagen war lang und gefährlich. So träumte man seit jeher von einem Kanal. Schon die Wikinger versuchten, die Landfläche der Kimbrischen Halbinsel zu überwinden, indem sie die nur fünfzehn Kilometer schmale Landenge zwischen Haithabu und Hollingstedt, die auch vom Ochsenweg gekreuzt wurde, für einen Transport der Handelsgüter über Land nutzten, um von der Schlei in die Treene und von dort in die Nordsee zu gelangen. Im 14. Jahrhundert wurde zwischen Lübeck und Lauenburg der Stecknitzkanal als erster Kanal des Landes gebaut, im 16. Jahrhundert kam der Alster-Beste-Kanal zwischen Hamburg und Lübeck hinzu.

Die florierende Wirtschaft im blühenden Dänischen Gesamtstaat ließ beim Leiter der Deutschen Kanzlei in Kopenhagen Andreas Peter Bernstorff neben anderen innovativen Projekten im ausgehenden 18. Jahrhundert die Idee eines weiteren Kanals aufkommen, die vom dänischen Schatzmeister Heinrich Carl Schimmelmann und dem königlichen Statthalter in den Herzogtümern, Landgraf Carl von Hessen, nach Kräften unterstützt wurde. Eine 1774 vom dänischen König Christian VII. einberufene Kanalkommission entwickelte den ersten Plan, einen Kanal von Kiel bis zur Elbe zu führen, der aber aus Kostengründen wieder fallengelassen wurde. Kostengünstiger schien es, die schiffbare Eider bis Rendsburg einzubeziehen. Der Schleswig-Holsteinische Canal verband Kiel mit Rendsburg, nutzte von dort das Flussbett der Eider und verlief letztlich auf der Grenzlinie zwischen den beiden Herzogtümern. Ab Rendsburg konnte die Eider bis nach Tönning und bis zur Nordsee befahren werden. Der heutige Nord-Ostsee-Kanal liegt zum Teil auf derselben Route.

Zwischen 1777 bis 1784 wurde dieser Kanal, der seinerzeit als modernste und größte Wasserstraße Europas galt, mit einer Länge von 43 Kilometern, einer Breite von 31 Metern und einer Tiefe von 3,45 Metern für 2,4 Millionen Reichstaler gebaut. 2.000 Arbeiter und 300 Soldaten kamen zum Einsatz. Die Einweihung des Schleswig-Holsteinischen-Canals fand im Oktober 1784 statt. Den Höhenunterschied von sieben Metern glichen sechs Schleusen bei Holtenau, Knoop, Rathmannsdorf, Königsförde, Kluvensieck und Rendsburg aus. Bei fehlendem Wind mussten die Schiffe getreidelt werden, d.h. vom Ufer aus gezogen. Für die Passage mussten etwa drei bis vier Tage veranschlagt werden. Größere Schiffe hatten einen Lotsen an Bord zu nehmen. Für die notwendigen Informationen zwischen den Lotsenstationen sorgten Brieftauben. Den im Vergleich zum Sundzoll höheren Kanalzoll, der an mehreren Zollstationen zwischen Holtenau und Tönning erhoben wurde, begründete man mit dem bequemeren Weg von der Ostsee zur Nordsee. Auch verhinderte man durch die Kontrolle an den Stationen den Schmuggel. Für den dänischen Staatshaushalt bedeutete der Zoll auf Waren und Passage eine wichtige Einnahmequelle. Nach Westen wurden überwiegend Massengüter wie Getreide, Malz, Holz, Kupfer und Eisen transportiert, nach Osten eher Kolonialprodukte wie Zucker, Kaffee, Tee und Tabak.

Für die im frühen 19. Jahrhundert konstruierten größeren Dampfschiffe war der Kanal nicht breit und tief genug. Er genügte den Anforderungen der weiterentwickelten Schifffahrt nicht mehr, so dass er nur noch von der Küstenschifffahrt mit kleineren Schiffen genutzt werden konnte. Nach dem Ende des Krieges von 1848–1851 ordnete die dänische Regierung aus politischen Gründen die Umbenennung des Schleswig-Holsteinischen-Canals in Eiderkanal an.

Schleuse bei Kluvensiek

Adresse: Schleuse in Kluvensiek, 24796 Bovenau.

Der Eiderkanal, der das Flussbett der Eider nutzte, wurde zwischen 1777 und 1784 gebaut, um einen günstigen Seeweg von der Ostsee bis zur Nordsee zu schaffen. Die Höhenunterschiede wurden von sechs Schleusen überwunden. Die Kluvensieker Schleuse ist besonders gut erhalten.

Das nahe Gut Kluvensiek verfügt über einen stattlichen Park mit Eichen und Buchen sowie modernen Skulpturen. Das nahe und direkt am Nord-Ostsee-Kanal gelegene Gut Steinwehr ist ein bekannter Obsthof mit Kaffeegarten, Steinwehr 20, 24796 Bovenau. Eine weitere Schleusenanlage des Eiderkanals ist in Rathmannsdorf zu besichtigen, Rathmannsdorfer Schleuse 1, 24161 Altenholz. Von dort führt ein Wanderweg am Alten Eiderkanal entlang zum Nord-Ostsee-Kanal. Bei einem Spaziergang am Kanal fahren mit Glück gerade einige große Schiffe vorüber.

1790: GEDENKSTEIN IN KARBY – ENDE DER LEIBEIGENSCHAFT

Der Gedenkstein in Karby erinnert mit folgender Inschrift an das Ende der Leibeigenschaft:
„Zum Andenken an die 1790 erfolgte Aufhebung d. Leibeigenschaft im Gute Karlsburg durch Landgraf Karl v. Hessen. Errichtet 1890."
Dieses Gut südlich der Stadt Kappeln am westlichen Ufer der Schlei gelangte 1539 als adeliges Gut Gereby in den Besitz des Ritters Cay von Rantzau zu Klethkamp. Durch Kauf oder Tausch konnte der Ritter sein Hofland ständig vergrößern. Der Guts- und Grundherr war außerdem mit sehr weitreichenden Vollmachten in Bezug auf seine Untergebenen ausgestattet, von denen die meisten Leibeigene waren. Nur im Dorf Karby gab es einige wenige Freie, meist Handwerker oder Gewerbetreibende.
Am 6. Mai 1524 wurde der Ritterschaft vom deutschen Kaiser Friedrich I. mit dem Privileg der Patrimonialgerichtsbarkeit die Hand- und Halsgerichtsbarkeit über ihre Untertanen zuerkannt. Dadurch war die Leibeigenschaft rechtlich abgesichert und

verbreitete sich landesweit auf allen Gütern. Grundherren waren Angehörige des hohen oder niederen Adels, Klöster, Stifte oder auch Städte. Die Leibeigenen unterlagen verschiedenen Pflichten und Einschränkungen: Frondiensten, Naturalabgaben sowie Hand- und Spanndiensten, Verbot des Wegzugs vom Gutshof durch das so genannte „Schollenband", Heirat nur mit Genehmigung des Grundherrn, Abhängigkeit von dessen patrimonialer Gerichtsbarkeit und Polizeigewalt. Die meisten waren seit Geburt Leibeigene, aber auch freie Bauern konnten durch Zwang oder durch wirtschaftliche Notlagen in Abhängigkeit geraten und zu Leibeigenen werden. Im 17. Jahrhundert zählte ein Sechstel der schleswig-holsteinischen Bevölkerung zu den Leibeigenen. Allerdings waren auch den Gutsherren Verpflichtungen gegenüber ihren Leibeigenen auferlegt im Sinne einer patriarchalischen Fürsorgepflicht, der Konservationspflicht; sie hatten für den Schutz ihrer Leibeigenen in Kriegszeiten zu sorgen oder ihnen in Zwangslagen beizustehen, auch im Alter das so genannte „Gnadenbrot" zu gewähren.

Gedenkstein vor der Kirche in Karby

Weil er als dänischer Gesandter in England die Vorteile einer Landwirtschaftsstruktur ohne Leibeigenschaft und die Nachteile des Frondienstes kennengelernt hatte, entschloss sich Graf Hans zu Rantzau als erster schleswig-holsteinischer Gutsherr 1739, den Leibeigenen auf seinem Gut Ascheberg Freiheit und Landbesitz zu geben sowie einen Musterhof, den sie selbstständig bewirtschaften durften. Als Ergebnis dieser Reform beobachtete er eine Steigerung der Produktivität und Rentabilität und damit des Wohlstands und konnte bewiesen, dass es durch die Pachteinnahmen für die Gutsbesitzer von erheblichem ökonomischen Vorteil war, die Bauern selbstständig wirtschaften zu lassen. Mehr und mehr setzte sich die Auffassung durch, dass Leibeigenschaft und die in der Zeit der Aufklärung formulierten Menschenrechte nicht vereinbar waren. Immer mehr Gutsbesitzer folgten dem Vorbild Hans Rantzaus, der damit zu einem Wegbereiter der Reformen in der Landwirtschaft wurde. Trotz des Widerstands einiger Gutsbesitzer setzte der dänische Minister Andreas Peter Graf Bernstorff Agrarreformen durch, die 1788 zur Bauernbefreiung und zur Aufhebung der Leibeigenschaft in Dänemark führten. 1796 sah sich auch die Ritterschaft der Herzogtümer Schleswig und Holstein genötigt, die Leibeigenschaft zu beenden. Der Reformprozess zog sich allerdings bis 1805 hin.

Landgraf Karl von Hessen veranlasste 1790 auf Gut Karlsburg die Aufhebung der Leibeigenschaft und die Parzellierung seines großen Besitzes. Die entsprechende Urkunde bekundet, dass „die sämtlichen leibeigenen Untergehörigen Höchstero Gutes Gerebuy, sie seyn Hufener, Käthener, Insten, oder wie sie sonst genannt werden, von der Leibeigenschaft und den damit verknüpften Diensten, Pflichten und Leistungen für sich und ihre Frauen, Kinder und Nachkommen, auf ewig befreit sein sollen." Mit dieser Reform gab der Landgraf weiteren Gutsherren ein Beispiel: Bis 1800 wurde auf neun Gütern in Schwansen die Leibeigenschaft beendet. 1805 wurde sie schließlich für ganz Schleswig und Holstein aufgehoben. Insgesamt wurden von den über 1200 Hektar des Gutes Karlsburg etwa 500 Hektar an siebenundzwanzig so genannte Parzellisten verkauft, über 400 Hektar gingen an die fünfunddreißig ehemaligen Leibeigenen in Erbpacht, das verbleibende Gutsland in Größe von 300 Hektar wurde verpachtet.

Adresse: Gedenkstein, An der Kirche 7, 24398 Karby.

Die seit dem 16. Jahrhundert verbreitete Leibeigenschaft machte etwa ein Sechstel der schleswig-holsteinischen Bevölkerung zu Abhängigen auf den adeligen Gütern, die Frondienste, Naturalabgaben sowie Hand- und Spanndienste zu leisten hatten. 1790 entließ Landgraf Karl von Hessen auf seinem Gut Karlsburg die Leibeigenen in die Freiheit. 1805 wurde im ganzen Land die Leibeigenschaft aufgehoben.

Karby liegt nahe bei Arnis, der kleinsten Stadt Deutschlands direkt am Ufer der Schlei, und bei Kappeln. Dort ist der einzigartige Heringszaun zu bestaunen, eine riesige Reuse aus dem 15. Jahrhundert, Am Hafen. Auch die Angelner Dampfeisenbahn ist für Eisenbahnfans einen Besuch wert, Bahnhofsweg 9, 23376 Kappeln. Von Karby ist es ebenfalls nicht weit zu den Stränden der Ostsee und den Ostseebädern Damp und Schönhagen, 24398 Brodersby.

1800: DEICHARBEITERDENKMAL AM MELDORFER HAFEN – DEICHBAU

Um dem „Blanken Hans", der Nordsee, zu trotzen, also sich gegen die Macht der Sturmfluten zu stemmen, wie es die steinerne Figurengruppe des Künstlers Paul H. Gnekow von 1978 zeigt, bauten die Nordfriesen ihre Gehöfte schon früh auf Erdhügel, die Wurten oder Warften. Um das Marschland zu schützen, legten sie zunächst flache, überströmbare Deiche an, die die Ackerflächen aber lediglich im Sommer gegen die täglichen Pegelschwankungen schützten. Höhere und somit aufwändigere Winterdeiche zum Schutz des besiedelten Hinterlandes gegen Herbst- und Wintersturmfluten entwarf man erst im späten Mittelalter.

Landgewinnung gehörte seit dem Mittelalter ebenso zu den vorrangigen Zielen in Nordfriesland, denn die Bevölkerung wuchs. Auch dafür erwiesen sich Eindeichung und Entwässerung als notwendig. Um einen neuen Koog zu schützen, wurden seit dem 15. Jahrhundert so genannte Stackdeiche gebaut. Weil diese nicht wie die alten Deiche flach zur See abfielen, sondern mit ein bis zwei Meter hohen Wänden aus Holzplanken konstruiert waren, erwiesen sie sich als besonders aufwändig sowohl im Bau als auch in der Pflege, da das Holz häufig erneuert werden musste und von weither in die holzarmen Marschgebiete transportiert werden musste. Außerdem bestand die Gefahr, dass die Stackdeiche leicht unterspült wurden.

Der entscheidende Wendepunkt im Deichbau trat mit der zweiten Groten Mandränke von 1634 ein. Der Verlust von so viel Menschenleben und so viel Land vor allem in den fruchtbaren Marschgebieten er-

Deicharbeiterdenkmal Trutz Blanker Hans

Deich auf der Halbinsel Nordstrand

zwang ein Umdenken. Die völlig verarmten Marschbewohner zeigten sich nicht in der Lage, neue Deichprojekte anzupacken. Deshalb beauftragten die Gottorfer Herzöge kapitalkräftige private Bauherren, vor allem aus den Niederlanden, von wo viele auch wegen der ihnen garantierten Glaubensfreiheit kamen, mit dem modernen Deichbau. Aufgrund lukrativer Privilegien, der so genannten Oktroi, mussten diese Deichbauunternehmer zwar die Kosten tragen, durften aber auch den Gewinn einbehalten. Das löste an der Nordseeküste einen wahren Deichbauboom aus. Die Holländer führten neue Techniken ein: statt der steilen Stackdeiche planten sie Deiche mit flacheren Profilen, an deren Böschungen sich das Wasser totlaufen sollte. Aber bei den Sturmfluten erwiesen sich diese Deiche häufig immer noch als zu niedrig, so dass sie immer wieder erhöht werden mussten.

Die Deichgrafen, auch Deichvogte oder Deichgeschworene, standen einem Deichverband vor, der für den Bau und die Pflege der Deiche einer Region zuständig war. Eine verbindliche Rechtsgrundlage für den Bau, den Unterhalt und die Kontrolle der Deiche schuf erst ein Patent des dänischen Königs Christian VII. vom 29. Januar 1800. Im 19. Jahrhundert ermöglichten die Errungenschaften der Industrialisierung eine Mechanisierung des Deichbaus, so dass dampfgetriebene Bagger und Lorenzüge die schwere Handarbeit ablösen konnten. Deichbau und –unterhaltung wurden nun zu einer Aufgabe des Staates. Nach dem Zweiten Weltkrieg wurde ein Generalküstenplan erstellt, Sperrwerke an der Eider und anderen Küstenflüssen wurden errichtet, und die Deichlinie wurde von 540 auf 290 Kilometer verkürzt, indem man neue, höhere und sturmflutsicherere Deiche baute.

Adresse: Deicharbeiterdenkmal Trutz Blanker Hans, Neuer Meldorfer Hafen, Deichstraße, 25704 Meldorf.

Deichbau war seit dem frühen Mittelalter eine stets präsente Aufgabe für die Bewohner Nordfrieslands, um ihr Marschland, die neuen Köge, ihre Gehöfte und ihre Menschen vor den schweren Sturmfluten an der Nordsee zu schützen.

Eine Deichwanderung an der Meldorfer Bucht von dem Denkmal aus ist empfehlenswert. Entlang der ganzen schleswig-holsteinischen Küste kann man anhand von Deichbauten, auf den Halligen auch an den Warften, studieren, wie Küstenschutz funktioniert. In Meldorf wartet der beeindruckende Dom aus dem 13. Jahrhundert auf einen Besuch, Nordermarkt. Das Dithmarscher Landesmuseum präsentiert die Regionalgeschichte der Landschaft, Bütjestraße 2-4. Das Schleswig-Holsteinische Landwirtschaftsmuseum ermöglicht Einblicke in den bäuerlichen Alltag und landwirtschaftliche Techniken, Jungfernstieg 4, 25704 Meldorf. Auch das Nordseebad Büsum ist nur etwa 25 Kilometer entfernt, 25761 Büsum.

1802: BADEKARREN IN ST. PETER-ORDING – ERSTE SEEBÄDER

Badekarren waren aus der Kultur der ersten Seebäder nicht wegzudenken. Man badete nur, wenn der Körper der Badenden neugierigen Blicken verborgen blieb. Die prüden Menschen zogen sich in den Badekarren um und stiegen getrennt nach Geschlechtern und mit Ganzkörperanzügen ins kühle Nass. Man erfrischte sich auch nur für wenige Minuten im Wasser, denn schwimmen konnte niemand. Zunächst galt das Baden ohnehin nur aus medizinischen Gründen als schicklich.

Noch im 18. Jahrhundert galt ein Urlaub am Meer als undenkbar, zu unheimlich erschienen den meisten Menschen die Meeresgewässer. Erst als man in England die Heilkraft des salzigen Meereswassers entdeckte und mit Brighton 1780 ein erstes Seebad eröffnete, änderte sich allmählich auch in Deutschland die Einstellung. Das

Badekarren in St. Peter-Ording

Das Fischerdorf an der Mündung der Trave wandelte sich unter dem Einfluss Lübecker Bürger zum exklusiven dritten deutschen Seebad. Die typischen Kureinrichtungen wie ein Warmbadehaus wurden in Travemünde vorgehalten, außerdem natürlich Badekarren, die ins Meer hineingeschoben wurden, damit die Gäste unbeobachtet in die Fluten steigen konnten, selbstverständlich voll bekleidet, wie es sich gehörte. Auch in den inzwischen verbreiteten Strandkörben saß man vollständig angezogen. Dank der guten Verkehrsverbindungen mit Dampfschiff und Eisenbahn entwickelte sich das bereits 1825 eingerichtete Casino zum Mekka für Spielsüchtige aus aller Welt, darunter viele Prominente wie die russischen Dichter Dostojewski, Gogol und Turgenjew.

erste deutsche Seebad wurde 1793 in Heiligendamm an der Ostsee gegründet. Vier Jahre später entstanden mit Norderney der erste Badeort an der deutschen Nordseeküste und 1802 mit Travemünde das erste Seebad Schleswig-Holsteins an der Ostsee.

Dann kamen in rascher Folge weitere Seebäder wie Haffkrug 1813, Grömitz und Föhr 1819, Kiel 1822 hinzu. Als 1842 der dänische König Christian VIII. mit seiner Familie und dem Hofstaat zum ersten Mal auf Föhr Urlaub machte, kam dort der Tourismus richtig in Schwung. Überall an der See entstanden Bäder. Angesichts der nachweislichen Vorzüge für Erholung und Gesundheit verschwanden bald alle Vorbehalte gegen das öffentliche Baden. Die rigiden Badevorschriften lockerten sich allerdings erst zu Beginn des 20. Jahrhunderts.

Wenn eine Reise ans Meer zu Beginn des 19. Jahrhunderts noch eher eine Ausnahme darstellte, entwickelte sich gegen Ende des Jahrhunderts ein regelrechter Bädertourismus. Die Veränderungen in der industrialisierten Arbeitswelt und die damit einhergehende Verstädterung ließen das Bedürfnis nach Erholung und Urlaub steigen. Um die Jahrhundertwende 1900 verzeichneten alle Seebäder eine rasant wachsende Konjunktur. Bald suchten Menschen aus allen Schichten Erholung in den Bädern an Ost- und Nordsee. Aufgrund der erheblich verbesserten Verkehrsverbindungen waren die Badeorte mittlerweile auch gut zu erreichen.

Im 20. Jahrhundert entwickelte sich der Fremdenverkehr für Schleswig-Holstein immer mehr zu einem der bedeutendsten Wirtschaftszweige. Die Fremdenverkehrsorte an Nord- und Ostsee wurden weiter ausgebaut, und es wurden sogar völlig neue Ferien- und Erholungszentren wie Damp 2000 oder Weißenhäuser Strand aus dem Boden gestampft.

Adresse: Badekarren beim Museum der Landschaft Eiderstedt, Olsdorfer Straße 6, 25826 St. Peter- Ording.

Badekarren waren ein Kennzeichen der ersten Seebäder. Der Badetourismus in Schleswig-Holstein begann mit der Umwandlung des Fischerdorfes Travemünde in ein Seebad im Jahr 1802. Rasch folgten etliche weitere Badeorte an Nord- und Ostsee.

Im Museum der Landschaft Eiderstedt wird die Kultur dieser Gegend anschaulich gemacht. Ein Besuch der vielen Seebäder an Ost- und Nordsee lohnt sich allemal. Auch hier in St. Peter-Ording mit dem 12 Kilometer langen und teilweise zwei Kilometer breiten Sandstrand, der Seebrücke und den markanten Pfahlbauten, dem Wahrzeichen des Ortes, kommen Erholungsuchende bestens auf ihre Kosten. Eine Radtour führt zum Westerhever Leuchtturm, 25881 Westerhever. St. Peter-Ording ist angeschlossen an den Nordseeküsten-Radweg. Für geübte Radler bietet sich der Wikinger- Friesen-Weg an, ein etwa 180 Kilometer langer Radweg zwischen St. Peter-Ording und Maasholm an der Schlei; man kann aber auch nur bis Tönning oder Friedrichstadt radeln.

1806: TAFEL AM BURGTOR IN LÜBECK – LÜBECKER FRANZOSENZEIT

Der französische Usurpator Napoleon führte ab 1803 Kriege, in die auch Dänemark und die Herzogtümer Schleswig und Holstein seit Oktober 1807 hineingezogen wurden. Der dänische König Frederik VI. beabsichtigte zwar strikte Neutralität, sah sich aber schließlich gezwungen, sich zunächst gegen Napoleon zu stellen. Da der König 1807 allerdings ein Bündnis mit England ablehnte, griffen die Engländer Kopenhagen an, fügten der Stadt schwere Zerstörungen zu und vernichteten die dänische Flotte. Daraufhin schloss der dänische König ein Bündnis mit Napoleon. Am 31. Oktober 1807 kam zwischen Dänemark und Frankreich ein Vertrag über gegenseitige militärische Hilfe zustande.

Um seinen Gegner England in die Knie zu zwingen, erließ Napoleon 1806 die „Kontinentalsperre", eine Blockade des Handels und des Verkehrs und ein absolutes Einfuhrverbot für englische Güter. Dieser Herausforderung begegnete England von 1803 bis 1806 mit einer Elbblockade, also einer Sperrung der Elbe- und der Wesermündung. Die wirtschaftlichen Folgen dieser Entwicklung trafen auch die Herzogtümer Schleswig und Holstein und Dänemark gravierend, insbesondere das dänische Altona und Hamburg. Profiteure der gesperrten Elbhäfen waren

Tafel am Lübecker Burgtor erinnert an die Franzosenzeit in der Hansestadt.

kurzfristig die Ostseehäfen Kiel und Lübeck. Zur Kontrolle der Kontinentalsperre gegen England wurden französische Truppen in den Herzogtümern stationiert. Auch Hamburg und Lübeck waren in der Zeit von 1806 bis 1813 von den Franzosen besetzt und gehörten somit kurzzeitig zum Französischen Kaiserreich.

Niemals war Lübeck seit seiner Unabhängigkeit von Dänemark 1225 unter die Herrschaft einer fremden Macht geraten. Die Anbindung an den Kaiser und das deutsche Reich garantierte der Hansestadt ursprünglich den entsprechenden Schutz. Der Untergang des Heiligen Römischen Reiches 1806 führte hingegen zu einer völlig veränderten Lage. Nach der Niederlage in der Schlacht bei Jena und Auerstedt am 14. Oktober 1806 drang die preußische Armee unter der Führung Blüchers auf ihrem Rückzug in die Stadt ein und verletzte damit deren Neutralität. Am 6. November schlugen die nachsetzenden französischen Truppen unter Marschall Bernadotte nach heftigen Straßenschlachten rund um das Burgtor die Preußen in die Flucht und besetzten Lübeck. Es kam zu Plünderungen und Übergriffen auf die Stadtbewohner, bis Bernadotte nach drei Tagen solche Ausschreitungen verbot. Auf Befehl Napoleons wurden sämtliche Kontakte und jeder Handel mit England unterbunden. Wirtschaftlich lagen die Stadt Lübeck und ihre Bürger in der Zeit von 1806 bis 1813 völlig am Boden. Der Seehandel kam restlos zum Erliegen. Die Stadt wurde nun unter französische Verwaltung gestellt. Das jahrhundertealte Lübische Recht wurde durch den Code Napoléon ersetzt.

Nach der Völkerschlacht bei Leipzig vertrieb Bernadotte, der mittlerweile schwedischer Kronprinz und ein Gegner Napoleons geworden war, am 5. Dezember 1813 die Franzosen aus der Stadt. Mit den Schweden hatten auch russische Truppen die Verfolgung der Franzosen und der mit ihnen verbündeten dänischen Truppen aufgenommen. Die Lübecker hatten in dem folgenden Winter erheblich unter den russischen Einquartierungen zu leiden (Kosakenwinter). Die Kontinentalsperre endete mit der Niederlage Napoleons und mit dem Kieler Frieden vom 14. Januar 1814, in dem Dänemark Norwegen verlor und Nordeuropa eine Neugliederung erfuhr.

Burgtor in Lübeck

Adresse: Tafel am Burgtor, Burgtor, Große Burgstraße, 23552 Lübeck.

Die Hansestadt war während der Napoleonischen Kriege von 1806 bis 1813, in der so genannten Franzosenzeit, und während der gegen England verhängten Kontinentalsperre von französischen Truppen besetzt.

Das Burgtor ist ein sehenswertes Relikt der Lübecker Stadtmauer und das älteste Tor der Stadt. Es lohnt sich, das Burgkloster zu besuchen. In unmittelbarer Nähe befinden sich das Hansemuseum, das Heilig-Geist-Hospital, die St. Jakobi-Kirche und viele weitere historische Bauten der Stadt Lübeck rund um den Platz Koberg, 23552 Lübeck.

1813: OBELISK IN SEHESTEDT – SCHLACHT VON SEHESTEDT

Der Obelisk aus poliertem Bordesholmer Granit mitten in Sehestedt wurde neun Jahre nach dem Gefecht errichtet und am 28. Juni 1822 feierlich eingeweiht. An den vier Seiten sind Bronzeplatten eingelassen. Der dreistufige Sockel wird von zwölf Kanonen umzäunt.

Teufelsstein von Großkönigsförde

Napoleon hatte mit seinen Eroberungskriegen erreicht, den Kontinent und die europäische Landkarte völlig durcheinanderzuwirbeln. Der gescheiterte russische Feldzug führte 1813 zum Zusammenbruch des napoleonischen Imperiums. In diesen Untergang hineingezogen wurde der dänische König Frederik VI., der sich nach dem englischen Überfall auf Kopenhagen mit Napoleon, dem größten Gegner Englands, verbündet hatte und sich nun auf der Verliererseite wiederfand. „Mitgehangen, mitgefangen" waren damit auch die unter der Krone Dänemarks stehenden Herzogtümer Schleswig und Holstein. Nach der verheerenden Niederlage in der Völkerschlacht bei Leipzig im Oktober 1813 flohen die Reste der französischen Armee nach Westen, die dänisch-schleswig-holsteinischen Truppen aber vor dem nachrückenden vereinigten schwedisch-russisch-preußischen Heer nach Norden. Ziel war die dänische Festung Rendsburg. Nach ersten Gefechten bei Bad Oldesloe und Bornhöved mit herben Verlusten auf beiden Seiten trafen die gegnerischen Heere am 10. Dezember 1813 in der blutigen Schlacht bei Sehestedt aufeinander, in der mehr als 1.700 Soldaten den Tod fanden. Es gelang den Dänen allerdings, den Ort Sehestedt so lange zu halten, bis die gesamte dänische Armee durchmarschiert war und sich in die Festung Rendsburg zurückziehen konnte. Die Niederlage des dänischen Heeres konnte das aber nicht verhindern.

Obelisk in Sehestedt

Drei Tage später besetzte der schwedische Kronprinz Jean Baptiste Bernadotte, der Oberbefehlshaber der Nordarmee, die Stadt Kiel. Er wählte den Adelshof „Buchwaldscher Hof" in Kiel zum Ort der Friedensverhandlungen zwischen Dänemark, Schweden und England. In den harten Verhandlungen wurde festgelegt, dass Dänemark fortan die Allianz gegen Napoleon unterstützen sowie Gebiete an die Sieger abtreten sollte. Die Neuordnung Nordeuropas am 14. Januar 1814 sah vor, dass Dänemark Helgoland an England und Norwegen an Schweden abtrat. Als Ausgleich bekam Dänemark Schwedisch-Vorpommern, das es aber ein Jahr später gegen das bis dahin preußische Herzogtum Lauenburg eintauschte. Holstein wurde Teil des neu gegründeten Deutschen Bundes, dessen Nordgrenze nun die Eider bildete. Dänemark, im Laufe seiner Geschichte sogar einmal Großmacht, war von einem stattlichen Mittelstaat zu einem unbedeutenden Kleinstaat geschrumpft.

Die Besetzung durch die Allianztruppen während der Friedensverhandlungen in Kiel währte bis zum 23. Januar 1814. Die 7.000 Einwohner der Stadt hatten erheblich unter den Einquartierungen, vor allem auch unter den Plünderungen in dem extrem kalten und schneereichen Winter zu leiden. Die Zwangsabgaben für die Ernährung der Soldaten führten in der Kieler Bevölkerung zu einer Hungersituation. Wegen der russischen Soldaten, die in der Armee der Allianz dienten, nannten die Kieler die Besatzungszeit „Kosakenwinter", sonst auch „Schwedenwinter".

Adresse: Obelisk, Am Denkmal, 24814 Sehestedt.

Die Schlacht von Sehestedt am 10. Dezember 1813 markierte das Ende der Napoleonischen Zeit in Schleswig-Holstein und leitete die Friedensverhandlungen in Kiel ein, in denen die Machtverhältnisse in Nordeuropa nachhaltig verändert wurden.

In der Nähe des Obelisken ist auch die sehenswerte St. Peter-und-Paul-Kirche von Sehestedt zu besichtigen sowie das alte Pastorat, Kirchenweg, 24814 Sehestedt, das ein Dorfmuseum mit einer heimatkundlichen Sammlung beherbergt. Da Sehestedt direkt am Nord-Ostsee-Kanal liegt, bietet sich eine Wanderung entlang der Wasserstraße an. Mit der Kanalfähre kann man auch an das andere Ufer übersetzen. Etwa 14 Kilometer weit ist es bis zum Teufelsstein, dem größten etwa 200 Tonnen schweren Findling aus der Eiszeit in Schleswig-Holstein, Königsförder Straße, zwischen Lindau und Großkönigsförde. Er ist ungefähr 1,7 Milliarden Jahre alt.

1819: DAMPFSCHIFF BUSSARD IN KIEL – BEGINN DER DAMPFSCHIFFFAHRT

Das 40 Meter lange und acht Meter breite Dampfschiff „Bussard" aus dem Baujahr 1906 war bis 1979 als Tonnenleger in der Kieler Bucht eingesetzt und gehört seit 1980 dem Schifffahrtsmuseum Kiel.

Die Konstruktion von Dampfschiffen im frühen 19. Jahrhundert revolutionierte den Verkehr auf dem Wasser, denn sie waren viel schneller als Segelschiffe, deutlich weniger vom Wetter abhängig und besaßen eine größere Transportkapazität für Personen und Güter. In Amerika waren schon 1812 über 50 Dampfschiffe im Einsatz. Der Raddampfer „Savanna" bewältigte 1819 zum ersten Mal die Atlantikpassage. In Europa fuhren die ersten Dampfschiffe ab 1816 auf der Seine zwischen Paris und Rouen und auf Rhein und Elbe.

In Schleswig-Holstein verkehrte seit 1819 das erste Dampfschiff auf der Ostsee, die 1815–1817 von James Watt junior in Glasgow gebaute „Caledonia", als Post- und Passagierschiff regelmäßig zwischen Kiel und der dänischen Hauptstadt Kopenhagen. Der 30 Meter lange und fünf Meter breite Schaufelraddampfer fuhr als Zwischenstationen die Inseln Langeland, Møn und Falster an. Die dreißig Passagiere waren in einer der acht einigermaßen komfortablen Doppelkabinen unter Deck einquartiert oder mussten mit einem Platz unter einem Segeltuch an Deck vorliebnehmen. Gleichgültig, wo die Gäste, in der Regel Handelsreisende, schliefen, die meisten litten aufgrund des Seegangs an heftiger Übelkeit. Trotzdem erlebten sie die Überfahrt als Sensation, dass ein Schiff aus eigener Kraft mittels der Dampfmaschine auf dem Meer fahren konnte.

Die Eröffnung der Chaussee von Kiel nach Altona 1832 steigerte den Fährverkehr

„Bussard" vor dem Kieler Schifffahrtsmuseum

nach Kopenhagen, aber auch nach Haderslev, Åbenrå und Kristiania (Oslo) deutlich. Außer der „Caledonia" wurden schnell weitere Dampfschiffe auf der Linie eingesetzt, die „Löven", die „Frederik VI." und die „Christian VIII.". Zweimal in der Woche verließen die Dampfschiffe den Kieler Hafen für die 26 Stunden dauernde Überfahrt. Im Jahr 1841 wurden insgesamt 8878 Personen von Kieler Dampfschiffen befördert. Bereits 1844 waren 48 Schiffe auf über zwanzig Fährverbindungen im Einsatz. In ganz Deutschland waren mittlerweile auf Flüssen, Seen und auf dem Meer unzählige Dampfschiffe im Einsatz. 1847 wurde die erste Dampfschifffahrtslinie von Bremen nach New York eröffnet.

Fahrgastschiff „Stadt Kiel"

Wegen ihrer verkehrsgünstigen Lage an der Chaussee und der Eisenbahn nahm die Hafenstadt Kiel für die gesamte westliche Ostsee eine zentrale Rolle ein. Der Kieler Hafen wurde zum Ausgangspunkt für die Dampfschifffahrt auf der Ostsee und für die Abwicklung des Handels mit den Agrarprodukten, vor allem des Gütertransports von Getreide aus Schleswig-Holstein, das sich aufgrund großer Überschüsse zu einem maßgeblichen Agrarexportland entwickelt hatte. Der Kieler Hafen wurde zum Tor nach Skandinavien.

Adresse: Dampfschiff „Bussard", Schifffahrtsmuseum Kiel, Wall 65, 24103 Kiel.

Mit der „Caledonia", die ab 1819 als Post- und Passagierschiff zwischen Kiel und Kopenhagen verkehrte, begann für Schleswig-Holstein das Zeitalter der Dampfschiffe.

Das Schifffahrtsmuseum Kiel in der ehemaligen Fischauktionshalle am Sartorikai aus dem Jahr 1910 zeigt an seinen Exponaten die Geschichte der Seestadt Kiel und ihrer maritimen Verbindungen in alle Welt. Im kleinen Museumshafen liegen außer der „Bussard" das Fahrgastschiff „Stadt Kiel", der Seenotrettungskreuzer „Hindenburg" und das Feuerlöschboot „Kiel" vor Anker. An der Seegartenbrücke vor dem Museum können die Fördedampfer bestiegen werden, die bis zum Seebad Laboe fahren. Gegenüber dem Museum gelangt man in die Kieler Altstadt, zum Schloss, Alten Markt und zur Nikolaikirche.

1824: DAMPFMASCHINE IN ELMSHORN – INDUSTRIALISIERUNG

Im Industriemuseum Elmshorn kann man eindrucksvoll die Geschichte von Industrie, Technik, Arbeit und Alltag in Schleswig-Holstein nachvollziehen. Viele Maschinen, Apparate sowie Handwerks- und Haushaltsgegenstände veranschaulichen das Arbeitsleben der Vergangenheit. Die Dampfmaschine der Firma Borsig in der Tradition der genialen Erfindung des Engländers James Watt von 1769 ist ein Beispiel für den Übergang von der Handarbeit zur maschinellen Fertigung von Produkten. Die Dampfmaschine löste die Industrialisierung aus, die ab Mitte des 18. Jahrhunderts in ganz Europa einsetzte.

Ziegeleien, Eisengießereien oder Textilfabriken zeigten am Ende des 18. Jahrhunderts erste Ansätze von Industrie im weitgehend landwirtschaftlich orientierten Schleswig-Holstein. Zwar wurden in Manufakturen bereits Waren in größerer Stückzahl produziert, aber meist noch ohne Maschineneinsatz. Die eigentliche Industrialisierung des Landes setzte im frühen 19. Jahrhundert ein, allerdings aufgrund des dänischen Staatsbankrotts von 1813 zunächst nur zaghaft. Hemmnisse bestanden ebenfalls in dem Mangel an industriell zu nutzenden Rohstoffen, abgesehen von den Vorkommen an Raseneisenerz, Torf und Ton, sowie in der starren Zunftordnung im Handwerk. Erst in der preußischen Zeit ab 1864 und erst recht nach der Reichsgründung 1871 kam die Industrialisierung durch die Einführung der Gewerbefreiheit und den Deutschen Zollverein richtig in Schwung. Schwerpunkte bildeten die größeren Städ-

Dampfmaschine im Industriemuseum Elmshorn

te Kiel, Neumünster, Elmshorn und Altona. Ein erster Höhepunkt war um die Jahrhundertwende 1900 mit der Steigerung der Rüstungsindustrie und der Expansion der Werftindustrie vor allem in Kiel erreicht.

Die Erfindung der Dampfmaschine ermöglichte auch die Innovationen im Transportwesen, das erste Dampfschiff im Verkehr zwischen Kiel und Kopenhagen und die erste Eisenbahn im dänischen Gesamtstaat ab 1844 zwischen Kiel und Altona. Auf Wasserkraft basierte die Kupfermühle in Harrislee, in der schwedisches und norwegisches Kupfer verarbeitet wurde und im Flensburger Hafen verschifft wurde. Kupfer fand in der Dachdeckerei und in der Abdichtung von Holzschiffen, aber auch für Gebrauchsgegenstände Verwendung. Das schon im 17. Jahrhundert vom dänischen König Christian IV. errichtete wasserradbetriebene Hammerwerk galt um 1800 als größte Industrieanlage im Herzogtum Schleswig und im dänischen Königreich.

In Neumünster warb der innovationsfreudige Herzog Friedrich III. von Gottorf schon in vorindustrieller Zeit erste Tuchmacher an, die die zentrale Verkehrslage und die Wasserversorgung der Stadt durch den Fluss Schwale zu nutzen verstanden und die Wolle und die Häute der einheimischen Schafe und Rinder verarbeiteten. Schon im 18. Jahrhundert siedelten in Neumünster etwa fünfzig Tuchmachermeister, und ein Viertel der 1.500 Einwohner der Stadt lebte von der Tuchmacherei. Zu Beginn des 19. Jahrhunderts entstanden die Webmanufakturen, in denen bereits erste Maschinen eingesetzt wurden. Daraus entwickelte sich die Textilindustrie, und mit ihr wurden auch die Maschinenfabriken zur Herstellung und Wartung der Maschinen gegründet. 1830 beschäftigten die 37 Tuchmachermeister der Stadt ungefähr 800 Arbeiter in ihren Betrieben und stellten jährlich ungefähr 94.000 Ellen Stoff her. Wegen seiner großen Textilindustrien wurde Neumünster auch als Schleswig-Holsteins „Manchester" betitelt.

Zu den ersten Neumünsteraner Textilunternehmen zählten die Tuchfabriken von C.F. Köster oder Hans Lorenz Renck. Weil diese Werke sehr viele Arbeitskräfte beschäftigten, wuchs die Bevölkerung von Neumünster rasant. 1824 importierte der Fabrikant Hans Lorenz Renck eine erste Dampfmaschine mit acht PS aus England, die für den Antrieb von zwölf Spinn-, drei Walk- und siebzehn anderen Maschinen sorgte. In dieser ersten Volltuchfabrik des Landes wurden alle Arbeitsgänge von der Rohwolle bis zum fertigen Tuch vollzogen. Der Einsatz der Dampfmaschinen ließ die Textilfabrik Renck zum fortschrittlichsten und größten Betrieb im dänischen Gesamtstaat aufsteigen. Weitere Tuchfabriken folgten, auch Baumwollwebereien, Papierfabriken sowie Gerbereien. Die meisten Betriebe ließen sich am Ufer der Schwale nieder, deren Wasser sie zum Waschen, Färben und Gerben der Stoffe nutzten. Ausschlagend für den Aufstieg der Industriestadt Neumünster war natürlich auch ihr Anschluss an die Kiel-Altonaer Chaussee und die Eisenbahnlinie, für die die Stadt zum Eisenbahnknotenpunkt wurde.

Adresse: Dampfmaschine, Industriemuseum, Catharinenstraße 1, 25335 Elmshorn.

Den Beginn der Industrialisierung in Schleswig-Holstein markierte der Einsatz von Dampfmaschinen in Textilbetrieben wie in Neumünster ab 1824.

Im Industriemuseum Elmshorn steht den Besuchern eine spannende Entdeckungsreise durch die Geschichte der Industrie und des Alltagslebens bevor. Die St.-Nikolai-Kirche ist mit Holzeinbauten im Stil der Walfangepoche ausgestattet, die den Eindruck vermitteln, man befände sich im Unterdeck eines Walfängers, Alter Markt, 25335 Elmshorn. Der Skulpturengarten ist mit Werken norddeutscher Künstler ausgestattet, Probstendamm 7, 25336 Elmshorn. Erholung bietet der Elmshorner Stadtpark, der Liether Wald mit der höchsten Erhebung der Stadt, dem 22 Meter hohen Butterberg, Lieth/Heidmühlenweg, 25336 Elmshorn. Ein Ausflug in den Baumpark Arboretum Ellerhoop führt zu anregenden Themengärten, Thiensen 4, 25373 Ellerhoop.

1827: STATUE DES MARKUS HOLLER – CARLSHÜTTE IN BÜDELSDORF ALS ERSTER INDUSTRIELLER GROSSBETRIEB

1827 wurde die Eisengießerei Carlshütte in Büdelsdorf eröffnet, der erste große Industriebetrieb des Landes. Der Bauunternehmer und Kaufmann Markus Hartwig Holler wählte für sein Unternehmen diesen Standort aufgrund ausschlaggebender Faktoren, die Funde von Raseneisenerz in der Nähe, das sich später allerdings als unwirtschaftlich und unbrauchbar erwies und durch Importe ersetzt werden musste, und die günstige Verkehrslage am Eiderkanal. Am Nordufer der Eider gründete er seine Eisenhütte und taufte sie „Carlshütte" nach Landgraf Carl von Hessen, dem königlichen Statthalter in Schleswig-Holstein. Holler erwarb zunächst in England eine Dampfmaschine, die ihm als Vorbild für eine eigene Produktion solcher Maschinen diente. Auch die Rohstoffe musste er letztlich auf dem Wasserweg aus dem Ausland

Statue des Markus Holler

beziehen, Steinkohlenkoks und Roheisen aus Großbritannien. Holler produzierte in seinem Eisenwerk und in der angeschlossenen Maschinenfabrik Dampfmaschinen, Öfen und landwirtschaftliche Geräte. So wurde die Carlshütte zum ersten industriellen Großbetrieb in den Herzogtümern, schon in der Mitte des Jahrhunderts zu einem der produktivsten Eisenwerke Norddeutschlands. Bereits 1841 beschäftigte das Unternehmen 250 Arbeiter in diesem Gusseisenwerk, zu Beginn des 20. Jahrhunderts schon 1.100. Nach Hollers Tod 1858 ging der Betrieb in den Besitz der Familie Ahlmann über.

Mit der Industrialisierung eröffneten sich allerdings neue soziale Probleme. Auch wenn 1819 in England der Zwölfstundentag eingeführt und ein Arbeitsverbot für Kinder unter neun Jahren erlassen worden war, blieben in Deutschland die Arbeits- und Lebensbedingungen der Industriearbeiter und ihrer Familien unverändert prekär, auch in Schleswig-Holstein. Arbeitstage bis zu sechzehn Stunden waren an der Tagesordnung, und auch weiterhin wurden Kinder in den Fabriken eingesetzt. Zum Beispiel gründete 1813 der Hamburger Kaufmann Abraham Christian Brauer mit königlichem Privileg eine Tabakfabrik in Kiel, in der er etwa sechzig Arbeiter beschäftigte, darunter auch viele Kinder vom zehnten Lebensjahr an. Die Arbeiterfamilien mussten meist in sehr beengten Wohnverhältnissen leben, oft unter katastrophalen hygienischen Bedingungen.

Erst nach der Jahrhundertwende 1900 wurde die tägliche Arbeitszeit auf neun Stunden gesenkt, und auch Kinderarbeit wurde verboten. Auf Initiative von Genossenschaften entstand der soziale Wohnungsbau. Manche Betriebe errichteten Werkswohnungen, zum Beispiel die Firma Krupp in Kiel-Gaarden.

Gedenkmedaille, Carlshütte

Adresse: Statue des Markus Holler, Ahlmannallee 5, 24782 Büdelsdorf.

Markus Hartwig Holler gründete 1827 mit seinem Gusseisenwerk „Carlshütte" in Büdelsdorf den ersten industriellen Großbetrieb in Schleswig-Holstein.

Hinter dem Denkmal liegt das Eisenkunstgussmuseum, in dem die Kulturgeschichte des Gusseisens und des Kunstgusses im 19. Jahrhundert studiert werden kann. Gegenüber befindet sich das ehemalige Betriebsgelände der Carlshütte, auf dem ein Skulpturenpark zu begehen ist und das Kunstzentrum NordArt jährlich wechselnde Ausstellungen moderner Kunst bietet, Vorwerksallee, 24782 Büdelsdorf. Büdelsdorfs Nachbarstadt ist das historisch bedeutsame Rendsburg, das viele interessante Attraktionen bereithält.

46 1830: LORNSEN-DENKMAL IN RENDSBURG – KAMPF UM EIN VEREINIGTES UND UNABHÄNGIGES SCHLESWIG-HOLSTEIN

1873 schuf der Bildhauer Heinrich Hermann Christian Möller diese Bronzestatue zu Ehren von Uwe Jens Lornsen. Zu Füßen des Denkmals sitzen zwei Mädchen, die die Schwestern Schleswig und Holstein darstellen sollen, die sich nicht trennen lassen, sich bei den Händen halten und die Fesseln abgeworfen haben.

Der gebürtige Sylter Uwe Jens Lornsen (1793–1838) wurde von den Ideen der Julirevolution in Paris 1830 erfasst. Diese beflügelten die liberalen und demokratischen Bestrebungen in ganz Europa. Nach seinem Jurastudium in Kiel und Jena arbeitete Lornsen ab 1820 acht Jahre lang in der Deutschen Kanzlei in Kopenhagen. 1830 wurde er zum Landvogt auf Sylt befördert. Im selben Jahr veröffentlichte er seine elfseitige Schrift „Ueber das Verfassungswerk in Schleswigholstein", die ihn zum Vorkämpfer eines vereinten und von Dänemark unabhängigeren Schleswig-Holsteins werden ließ. Indem er den Landesnamen ohne Bindestrich schrieb, brachte er den Wunsch nach Vereinigung der Herzogtümer zum Ausdruck, zusammen mit seiner Forderung nach umfassenden Veränderungen der politischen Struktur.

Das politische Pamphlet kostete wegen aufrührerischer Agitation Lornsen im Mai 1831 das Amt als Landvogt. In Kiel und Rendsburg musste er Festungshaft von einem Jahr verbüßen.

1833 floh er vor weiterer Verfolgung nach Südamerika, auch mit dem Zweck, sich von einer rätselhaften schweren Erkrankung zu erholen, unter der er zu leiden glaubte. Er hielt sich für unheilbar krank und verfiel nach seiner Rückkehr in die europäische Heimat 1837 in eine schwere Depression. Am 12. Februar 1838 beging Lornsen am Genfer See Selbstmord. Er blieb eine Symbolfigur der schleswig-holsteinischen Bewegung.

Einerseits gehörte Schleswig-Holstein zu Dänemark, da der König von Dänemark

Statue des Uwe Jens Lornsen

zugleich Herzog von Schleswig und von Holstein war. Das Herzogtum Holstein hingegen war Teil des Heiligen Römischen Reiches Deutscher Nation. So vielschichtig wie die politische Situation war auch Schleswig-Holsteins Sprachkarte. Die Einwohner des Herzogtums Schleswig sprachen dänisch und deutsch, zum Teil auch niederdeutsch, friesisch oder sønderjysk, einen regionalen dänischen Dialekt. Die Holsteiner dagegen sprachen ausnahmslos deutsch, hochdeutsch in der Schriftsprache und niederdeutsch, die einstige „Weltsprache" der Hanse, vielfach als gesprochene Sprache. Die Schlei entwickelte sich im frühen 19. Jahrhundert immer mehr zu einer Sprach- und Kulturscheide. Aufgrund einer kontroversen Sprachpolitik auf beiden Seiten entwickelte sich ein regelrechter Sprachkonflikt innerhalb der nationalen Auseinandersetzung, und Sprache wurde als politisches Instrument missbraucht. Man glaubte erkannt zu haben, dass Sprache einen maßgeblichen Einfluss auf die Ausbildung nationaler Identität ausübte.

Entsprechend den nationalen Bestrebungen in den Herzogtümern Schleswig und Holstein formierte sich eine dänische Bewegung. Das Ziel der dänischen Politik war zunächst nur die Bewahrung des dänischen Sprachgebrauches im Herzogtum Schleswig. Zu diesem Zweck ordnete der dänische König an, dass in Nordschleswig, wo die Mehrheit der Bevölkerung Dänisch sprach, in Gerichten, Schulen und Kirchen auch nur diese Sprache verwendet werden solle. Vermehrt wurden hier dänische Zeitungen und Büchereien gegründet. Als diese Anordnung nur zögernd umgesetzt wurde und die Auseinandersetzungen eskalierten, erließ der König das so genannte Sprachreskript von 1840, mit dem in Nordschleswig das Dänische als Gerichts- und Verwaltungssprache festlegt wurde. Der Widerstand gegen diese Sprachpolitik verschärfte den nationalen Konflikt zwischen Schleswig-Holstein und Dänemark.

Adresse: Lornsen-Denkmal, Am Stadtsee/Paradeplatz, 24768 Rendsburg.

Uwe Jens Lornsen wurde zu einer Symbolfigur der schleswig-holsteinischen Unabhängigkeitsbewegung. Die Mehrsprachigkeit in den Herzogtümern Schleswig und Holstein führte zu einem erbitterten Sprachkonflikt, der die nationalen Spannungen zu Lornsens Lebzeiten zusätzlich verschärfte.

In der Nähe des Paradeplatzes sind viele Beispiele interessanter Architektur zu betrachten. Unbedingt sehenswert ist die Christkirche, die wie weitere Gebäude um den Platz von dem italienischen Architekten Domenico Pelli um 1700 erbaut wurde. Auch das Jüdische Museum in der alten Synagoge, Prinzessinstraße 7, lohnt einen Besuch.

1832: MEILENSTEIN IN KIEL – BAU DER ERSTEN CHAUSSEE

Meilenstein in Kiel

Entlang der Chaussee zwischen Kiel und Altona von 1832 zeigten ein Meter hohe Meilensteine aus Granit die Entfernung nach Altona oder nach Kiel in Meilen an, mit den Initialen des dänischen Königs (FR – Fridericus Rex), mit Krone und Jahreszahl der Fertigstellung. Noch heute kann man der Straße folgen. Viele Meilensteine säumen immer noch den Weg, die Alleebäume, die stehen geblieben sind, sind mittlerweile über 180 Jahre alt.

Die katastrophalen Zustände auf den damals noch unbefestigten holsteinischen Straßen und Wegen ließen jede Reise mit den Kutschen zur Qual werden. Darüber hinaus dauerte die unbequeme Fahrt mit dem Postwagen von Kiel nach Altona, die man zweimal in der Woche nutzen konnte, über Preetz, Plön, Segeberg, Oldesloe, Ahrensburg und Wandsbek mehr als siebzehn Stunden. Die Entfernung von zwölfeinviertel dänischen Meilen, etwa 93 Kilometern, war mit den damaligen technischen Transportmöglichkeiten kaum zu bewältigen.

Zum Einsatz kamen in der Regel offene und ungefederte Wagen, so genannte Stuhlwagen mit Seitenwänden aus Korbgeflecht, seltener auch einmal Wagen mit hochklappbarem Verdeck. Morgens um sechs Uhr begann die Abfahrt aus Kiel, und erst nachts um 23 Uhr erreichte man Altona. Dazwischen rumpelte man über Straßen, die nur mit Sand bedeckt waren und sich bei Regen in matschige Flächen mit unzähligen Pfützen verwandelten. Bei fortdauerndem Regen kam der Verkehr völlig zum Erliegen. Aufgrund der vielen Schlaglöcher fuhren die Wagen nur langsam, kaum schneller als eine Dreiviertel Meile in der Stunde. Nicht selten brachen die Wagenräder.

Abhilfe schuf 1830 endlich die Anordnung des dänischen Königs Frederik VI., der auch Herzog von Schleswig und Holstein war, eine 91 Kilometer lange zweispurige, alleeartig von Linden, aber auch Ulmen, Ahorn, Eichen und Eschen gesäumte Chaussee zu bauen. 1832 war die neue Straße fertig und machte die Reisen bequemer, sicherer und vor allem schneller. Die Fahrt von Kiel über Neumünster, Bad Bramstedt und Quickborn bis in das damals dänische Altona nahm nur noch neun Stunden in Anspruch. Gastwirtschaften und Post- und Umspannstationen säumten den Weg. Wer die Straße nutzte, musste bis 1874 an den errichteten Schlagbäumen ein Chausseegeld bezahlen. Die Chausseewärter in den vierzehn Straßenwärterhäusern entlang der Strecke kassierten die Nutzungsgebühr, kontrollierten die Ordnung und führten auch kleinere Reparaturen aus.

Die neue Chaussee war eine wasserundurchlässige Kunststraße, deren Schotterbelag durch das ständige Befahren fortlaufend dichter wurde. Zerkleinerte und nach

Obelisk am Anfang der Chaussee

Größe sortierte Feldsteine wurden schichtweise auf das vorbereitete Straßenbett gebracht und glatt geharkt. In der Mitte der Chaussee verlief ein leicht gewölbter Damm mit Gräben an beiden Seiten.

Nach dem Erfinder dieser Straßenbaumethode, einem schottischen Ingenieur namens MacAdam, nannte man diese Kunststraßen auch makadamisierte Straßen.

Nach der Eröffnung der Kiel-Altonaer Chaussee am 1. Januar 1832 nahm der Fährverkehr nach Kopenhagen immer mehr zu. Neben Chaussee und Dampfschiffverbindung verschaffte die Eisenbahnlinie nach Altona von 1844 Kiel einen enormen wirtschaftlichen Aufschwung. Für den Handelsweg über die Ostsee war der Kieler Hafen durch diese hervorragenden Verkehrswege ohne Konkurrenz. Diese revolutionierenden technischen Neuerungen bedeuteten im wahrsten Sinne des Wortes Meilensteine in der Verkehrsgeschichte Schleswig-Holsteins und einen Sprung in die Moderne.

Adresse: Meilenstein an der Hamburger Chaussee 66/Ecke Rendsburger Landstraße, 24113 Kiel.

Die Chaussee, die erste Kunststraße des Landes, die 1832 eröffnet wurde, beendete die problematische Verkehrssituation zwischen Kiel und Altona und stellte im wahrsten Sinn des Wortes einen Meilenstein in der Verkehrsgeschichte Schleswig-Holsteins dar.

Kurz vor diesem Meilenstein steht in Kiel an der Ecke Hamburger Chaussee/Alte Lübecker Chaussee der Sandstein-Obelisk, mit dem die Chaussee ihren Anfang nahm. Der obere Quader zeigt das Königsinitial FR VI mit Krone aus Schmiedeeisen. Die lateinische Inschrift darunter lautet: FRIDERICUS VI HANC VIAM STERNENDAM CURAVIT MDCCCXXX (Friedrich VI. ließ diese Straße im Jahr 1830 pflastern.). Weitere Meilensteine sind im gesamten Verlauf der heutigen Bundesstraße 4 zu finden, zum Beispiel in Molfsee, Voorde, Blumenthal, Schmalstede, Bordesholm, Neumünster- Einfeld, Bad Bramstedt, Quickborn, Hamburg-Schnelsen. In Molfsee liegt das Freilichtmuseum an der Hamburger Chaussee, das einen ausgiebigen Rundgang lohnt, Hamburger Landstraße 97, 24113 Molfsee.

1843: STATUE AUS DER ANTIKENSAMMLUNG IN KIEL – MUSEUMSGRÜNDUNGEN

Die Statue des Doryphoros (Speerträger) ist ein Gipsabguss der berühmten antiken Originalskulptur aus Marmor, die in Pompeji gefunden wurde, deren Vorbild wiederum eine Bronzestatue des Bildhauers Polyklet um 445 vor Christus ist. Solche Abgüsse und Originalkunstwerke sammelte der Kieler Altertumsforscher Peter Wilhelm Forchhammer, der in Kiel studiert, promoviert, sich habilitiert hatte und seit 1836 als Professor für Altertumswissenschaft an der Christian-Albrechts-Universität lehrte. Um seine archäologischen Vorlesungen, die ersten dieser Art an der Kieler Universität, vorzubereiten, hatte er mehrere Forschungsreisen in den Mittelmeerraum unternommen. Gemeinsam mit dem Archäologen Otto Jahn plante er, in Kiel eine Sammlung antiker Kunst aufzubauen. An der Christian-Albrechts-Universität, beim örtlichen Adel sowie in der Bürgerschaft fand er viele großzügige Sponsoren, so dass er das Projekt realisieren konnte. Als Ausstellungsraum bot sich zunächst nur der große Raum der 1838 ausgebrannten Kapelle des Kieler Schlosses an. Als die Kieler Antikensammlung 1843 eröffnet wurde, war es die erste Ausstellung dieser Art in Norddeutschland.

Das Museum ermöglichte dem Betrachter anhand originaler Zeugnisse antiker Kleinkunst, zum Beispiel der griechischen Vasenmalerei, und vieler Abgüsse von bedeutenden Skulpturen in antiker Farbgebung, auf braunen Sockeln, vor zinnoberroten Wänden eine Begegnung mit der Kunst und Kultur der griechischen und römischen Antike vom 2. Jahrtausend vor Christus bis zur römischen Kaiserzeit. Dem Leitsatz Forchhammers „Offen und zugänglich für jedermann, zum Genuss und zur Belehrung für jedermann" entsprechend, kann der Besucher auch heute noch bei freiem Eintritt die antiken Kunstwerke bewundern.

Statue des Doryphoros

Die Ursprünge der modernen Museen liegen zweifellos in den fürstlichen Kunstkammern, in denen neben Kunstwerken auch völkerkundliche und naturkundliche Gegenstände gesammelt und ausgestellt wurden. Ein Musterbeispiel solcher Kunstkammern stellte die umfangreiche Sammlung des Herzogs Friedrich III. von Schleswig-Holstein-Gottorf im Schloss Gottorf dar. Einrichtungen dieser Art erfüllten vor allem repräsentative Zwecke. Der Fürst wollte seinen Reichtum und seinen Geschmack zur Schau stellen.

Im ausgehenden 18. Jahrhundert stifteten viele Fürsten so genannte Musentempel, die neben den staatlichen Repräsentationsbedürfnissen auch die Bildung der Nation zum Zwecke hatten. In der Epoche der Aufklärung und im Zuge einer zunehmenden Verwissenschaftlichung und Spezialisierung aller Lebensbereiche entstanden im Umfeld des Bürgertums eigene, private Sammlungen. In der ersten Hälfte des 19. Jahrhunderts wurden im Rahmen der 1848er Bewegung, initiiert durch private Vereine zur Pflege von Kunst und Kultur, in ganz Deutschland erste bürgerliche Museen gegründet, die der Öffentlichkeit zugänglich waren.

In diesem Geiste verfolgte Forchhammer noch weitere Pläne. Der von ihm ebenfalls 1843 gegründete Schleswig-Holsteinische Kunstverein wünschte, eine ständige Gemäldegalerie in Kiel zu eröffnen. Im aufgestiegenen und zunehmend selbstbewussten, vor allem kunstsinnigen Bildungsbürgertum war das Interesse an Geschichte geweckt, und in der Museumsbegeisterung kamen die Vorstellungen von Bildung und Kultur zum Ausdruck. Der Kunstverein veranstaltete regelmäßig größere oder kleinere Ausstellungen, und zwar mangels eines Museums in anderen öffentlichen oder auch privaten Räumlichkeiten. Forchhammer gelang es, maßgebliche Persönlichkeiten wie Theodor Olshausen und Wilhelm Ahlmann für das Projekt eines Kunstmuseums zu gewinnen. Aber erst 1857 konnte die erste Kieler Kunsthalle unterhalb des Schlosses an der Dänischen Straße eingeweiht werden. Die Ausstellung der naturwissenschaftlichen Sammlungen der Universität befanden sich seit 1839 im Warleberger Hof, den die Stadt im Jahr 1829 erworben hatte.

Adresse: Antikensammlung, Kunsthalle, Düsternbrooker Weg 1, 24105 Kiel.

Die Antikensammlung von 1843 war das erste Museum dieser Art in Norddeutschland und spiegelte das Kunstinteresse des Bildungsbürgertums dieser Zeit wider.

Neben der sehenswerten umfangreichen Antikensammlung lohnt ebenfalls ein Besuch der Kieler Kunsthalle mit ihren wechselnden interessanten Ausstellungen. Das Kieler Museumsviertel wird ergänzt durch das Medizinhistorische Museum, Brunswiker Straße, das Zoologische Museum, Hegewischstraße, das Stadtmuseum Warleberger Hof, Dänische Straße, und das Schifffahrtsmuseum, Wall 65.

1844: CHEMNITZ-BELLMANN-DENKMAL – SCHLESWIGER SÄNGERFEST

Zu Ehren von Matthäus Friedrich Chemnitz und Carl Gottlieb Bellmann, die das Schleswig-Holstein-Lied erdachten, wurde 1894 an der Stätte der ersten Aufführung während des Schleswiger Sängerfestes 1844 ein Denkmal von Paul Peterich errichtet.

Das Verbot politischer Versammlungen in den 1830er Jahren umging man in ganz Deutschland durch die Veranstaltung von Sängerfesten, die die Bühne auch für politische Kundgebungen boten. Am Sängerfest in Schleswig am 23. und 24. Juli 1844 nahmen etwa 14.000 Menschen teil. Ebenfalls im Juli 1844 fand auf Skamlingsbanken im nördlichen Schleswig eine dänische Parallelveranstaltung statt. Beim Schleswiger Sängerfest erklang zum ersten Mal das Schleswig-Holstein-Lied, das den Wunsch nach einem vereinten und unabhängigen deutschen Schleswig-Holstein zum Ausdruck brachte. Die Melodie komponierte der Kantor des Schleswiger St.-Johannis-Klosters Carl Gottlieb Bellmann, den Text verfasste der Schleswiger Advokat Matthäus Friedrich Chemnitz.

„Schleswig-Holstein" schrieb Chemnitz nun mit Bindestrich, um die politische Forderung nach Einheit zu betonen. Hervorgehoben wurde die enge Verbundenheit mit Deutschland („deutscher Sitte hohe Wacht'"). Mit der Doppeleiche meinte Chemnitz die beiden Herzogtümer Schleswig und Holstein, die „stammverwandt" seien.

Chemnitz-Bellmann-Denkmal in Schleswig

Schleswig-Holstein-Lied

Damit spielte Chemnitz auf den Vertrag zu Ripen von 1460 an mit seiner Versicherung, dass Schleswig und Holstein „bliven ewich tosamende ungedelt" (ewig zusammen ungeteilt bleiben). Obwohl diese Formulierung wohl nicht wörtlich die territoriale Unteilbarkeit zusicherte, wurde dieser Satz zur politischen Losung der schleswig-holsteinischen Bewegung. Das Schleswig-Holstein-Lied wurde nach seiner Veröffentlichung auf dem Sängerfest zum Kampflied für Freiheit und Unabhängigkeit des Landes. Zum ersten Mal wurde auch die Flagge mit den schleswig-holsteinischen Farben blau-weiß-rot geschwungen. Eine Antwort aus Dänemark auf die provozierenden Aktionen auf dem Schleswiger Sängerfest ließ nicht lange auf sich warten. Christian VIII. nahm in einem königlichen Reskript am 28. Juli 1845 Stellung zu den Ereignissen und verbot das Lied und die Flagge wegen ihres antidänischen Charakters, was aber ihrer Popularität keinen Abbruch tat, im Gegenteil.

Adresse: Chemnitz-Bellmann-Denkmal,
An der Schützenkoppel, 24837 Schleswig.

Beim Sängerfest in Schleswig von 1844 wurden zum ersten Mal das Schleswig-Holstein-Lied gesungen und die blau-weiß-rote Flagge gezeigt. Die nationale Auseinandersetzung zwischen den Herzogtümern und Dänemark spitzte sich zu.

Die Stadt Schleswig bietet als zentraler Ort schleswig-holsteinischer Geschichte viele historisch bedeutende Stätten wie den Dom St. Petri mit dem berühmten Brüggemann-Altar, Norderdomstraße 4, oder das Landesmuseum Schloss Gottorf mit seinen umfangreichen Sammlungen zur Landesgeschichte, Schloßinsel 1, 24837 Schleswig.

1844: EISENBAHNWAGGON IN SCHÖNBERG – BAU DER ERSTEN EISENBAHN

Eisenbahnwaggons wie dieser Personendurchgangwagen Bromberg 1184 von 1914 sowie Dampf- und Dieselloks am Museumsbahnhof Schönberger Strand sind Zeugnisse der schleswig-holsteinischen Eisenbahngeschichte, wenn auch nicht so alt wie die allerersten Lokomotiven und Waggons von 1844.

Dem Vorbild Englands, wo 1825 die ersten Eisenbahnen fuhren, eiferten bald andere europäische Länder nach. Auch in Dänemark reifte 1840 der Plan, eine Eisenbahnlinie zwischen Kiel und dem damals dänischen Altona zu bauen. Unterstützung kam von der Kieler Kaufmannschaft, die eine weitere Verbindung zwischen Ostsee und Nordsee befürwortete und das notwendige Kapital für den Eisenbahnbau zur Verfügung stellte. 1841 wurde die Altona-Kieler Eisenbahn-Gesellschaft gegrün-

Eisenbahnwaggon in Schönberg

det, die durch Aktienverkauf die Finanzierung sichern sollte. Auch der dänische König konnte nach anfänglicher Weigerung überredet werden, einen Beitrag zum Eisenbahnbau zu leisten, schließlich sollte die neue Eisenbahn seinen Namen tragen.

Die am 18. September 1844, dem Geburtstag des dänischen Monarchen, feierlich eröffnete „König-Christian-VIII.-Ostseebahn" zwischen Kiel und Altona war nach Nürnberg–Fürth, Braunschweig–Wolfenbüttel, Dresden–Leipzig und Hamburg–Bergedorf die fünfte Eisenbahnstrecke in Deutschland und die erste in Schleswig-Holstein.

Die Einweihungsgäste waren mit Kutschen von Kiel nach Altona gefahren worden, wo die Fahrt mit Sonderzügen um acht Uhr beginnen sollte. Auf der Strecke nach Kiel standen neben den Gleisen überall Menschen und jubelten dem neuen Verkehrsmittel begeistert zu. Nach drei Stunden fuhr der Zug unter Salutschüssen in Kiel ein, wo die offizielle Einweihungsfeier stattfinden sollte. Der erste Kieler Bahnhof am Sophienblatt, ein imposantes grauweißes, zweistöckiges Gebäude, beherbergte im Erdgeschoss eine Schalterhalle, einen Wartesaal und die Bahnhofsgaststätte. Daran schloss sich die offene zweigleisige Bahnsteighalle an, ein hoher Fachwerkbau aus einer Holz- und Eisenkonstruktion, in dem die Reisenden bequem und vor allem trockenen Fußes ein- und aussteigen konnten.

Allerdings standen viele Menschen dem modernen Verkehrsmittel auch skeptisch gegenüber. Anwohner an den Gleisanlagen beklagten den Lärm, den Gestank und den Ausstoß von glühenden Kohlenstücken. Verbreitet war die Furcht, dass das neue Tempo die Lebensqualität und die Gesundheit beeinträchtigen würde.

Gezogen wurde der Zug von einer Lokomotive mit einem nahezu drei Meter hohen Schornstein auf einem langgezogenen Zylinder, der ratternden gewaltigen Dampfmaschine, die auf einem Fahrgestellrahmen mit drei Rädern auf jeder Seite ruhte. Das Führerhaus war nach hinten offen und lag direkt vor dem kleinen Kohlewagen, dem Tender. Dahinter folgten die Abteilwagen. Die Lokomotiven und die Schienen waren aus England importiert, die Tender, Personen- und Güterwaggons waren von inländischen Betrieben hergestellt worden. Der Zug befuhr einen vier Meter breiten und etwa einen Meter hohen Bahndamm mit einer Höchstgeschwindigkeit von 45 Kilometern in der Stunde. 112 Bahnwärtern oblag die Aufgabe, die 105 Kilometer lange Strecke zu kontrollieren. Mit Hilfe von Flaggensignalen gaben sie Informationen an die Lokführer oder an den nächsten Bahnwärter weiter. Der Zug passierte von Kiel aus die sieben Bahnhöfe in Bordesholm, Neumünster, Wrist, Horst, Elmshorn, Tornesch und Pinneberg, bevor er nach zweieinhalb Stunden sein Ziel in Altona erreichte.

Dieser ersten Eisenbahnstrecke folgten 1854 Verbindungen nach Flensburg, Husum und Tönning. 1860 umfasste das Streckennetz der Eisenbahn bereits 400 Kilometer, 1867 nach dem Anschluss an Preußen 610 Kilometer und bis zum Ersten Weltkrieg immerhin 2.500 Kilometer.

Adresse: Eisenbahnwaggon am Museumsbahnhof Schönberger Strand, Am Schierbek 1, 24217 Schönberg.

Das Eisenbahnzeitalter begann in Schleswig-Holstein mit der Eröffnung der ersten Eisenbahnstrecke zwischen Kiel und Altona im Jahr 1844.

Neben verschiedenen Eisenbahnwaggons sind im Museumsbahnhof Schönberg mehrere historische Straßenbahnen zu bewundern. Nur wenige Meter entfernt liegt der Schönberger Strand, der zu einem Gang auf die Seebrücke und zu einem Bummel über den Deich mit Blick über die freie Ostsee einlädt. Im drei Kilometer entfernten Schönberg, dem Hauptort der Probstei, kann man das Probsteimuseum besuchen, das Einblicke in die bäuerliche Kulturlandschaft Probstei bietet, Ostseestraße 8–10, und das Kindheitsmuseum, das gesellschaftliche Wandlungen der Kindheit ab 1890 dokumentiert, Knüllgasse 16, 24217 Schönberg.

51

1848: LÖWE VON IDSTEDT IN FLENSBURG – SCHLESWIG-HOLSTEINISCHE ERHEBUNG UND KRIEG ZWISCHEN SCHLESWIG-HOLSTEIN UND DÄNEMARK

Der Löwe von Idstedt hat eine wahre Odyssee hinter sich. Das Bronzemonument schuf der dänische Bildhauer Herman Wilhelm Bissen 1862 anlässlich des Sieges der dänischen Armee über Schleswig-Holstein in der Schlacht von Idstedt. Nach dem preußischen Sieg über Dänemark 1864 wurde der Löwe als Trophäe von Flensburg nach Berlin gebracht. Er diente mithin der Machtdemonstration der jeweiligen Siegermacht. Nach einem Zwischenspiel 1945 in Kopenhagen kehrte er 2011 an seinen ursprünglichen Standort auf dem Alten Friedhof Flensburg zurück.

Mit dem zunehmenden Nationalismus in ganz Deutschland im frühen 19. Jahrhundert brachen auch die nationalen Gegensätze in den Herzogtümern Schleswig und Holstein immer deutlicher hervor. In Kopenhagen bekundeten nationalliberale Kräfte die klare Absicht, das Herzogtum Schleswig ganz in das Königreich Dänemark einzugliedern zu wollen. Beide Tendenzen belasteten das eigentlich gute Verhältnis zwischen Deutschen und Dänen erheblich. Das Kopenhagener Sprachreskript des dänischen Königs, das Dänisch zur Gerichts- und Verwaltungssprache in Nordschleswig erhob, und der Protest dagegen auf dem Sängerfest in Schleswig 1844, auf dem zum ersten Mal das Schleswig-Holstein-Lied erklang und die blau-weiß-rote Fahne gehisst wurde, verschärften den Konflikt. Einen ersten Höhepunkt erreichte die Auseinandersetzung mit dem „Offenen Brief" des Königs Christian VIII. von Dänemark, der die in Dänemark gültige weibliche Erbfolge auch für die Herzogtümer Holstein und Schleswig festlegte. Die Abgeordneten der holsteinischen Ständeversammlung verließen aus Protest gegen den „Offenen Brief" den Ständesaal in Itzehoe, ebenso die deutschen Abgeordneten der schleswigschen Versammlung in Schleswig.

Löwe von Idstedt in Flensburg

Als nach dem Tod König Christians VIII. dessen Nachfolger Frederik VII. den Entwurf einer Gesamtverfassung für Dänemark und die Herzogtümer als künftiges Verfassungswerk vorlegte und darüber hinaus eine Revolution in Kopenhagen die nationalliberale, eiderdänische Partei mit ihrem Wortführer Orla Lehmann an die Macht brachte, die sich auf die jahrhundertelange Lehnsbindung Schleswigs an Dänemark und auf die historische Eidergrenze berief und verkündete, dass sie das Herzogtum Schleswig endgültig in das dänische Königreich zu integrieren beabsichtige, erwuchs aus dem heftigen Widerstand in den Herzogtümern ein Aufstand der Bevölkerung gegen die dänische Obrigkeit. Am 24. März 1848 riefen prominente Vertreter der schleswig-holsteinischen Bewegung wie Graf Friedrich von Reventlow, Friedrich Prinz von Noer, Wilhelm Hartwig Beseler und Theodor Olshausen im Kieler Rathaus eine Provisorische Regierung aus, die die Vereinigung Schleswigs und Holsteins sowie den Anschluss Schleswigs an den Deutschen Bund nach dem Vorbild Holsteins forderte. Am folgenden Tag nahm eine schnell gebildete schleswig-holsteinische Armee im Handstreich die Festung Rendsburg ein. In dem nun ausbrechenden dreijährigen Krieg errangen die Schleswig-Holsteiner zwar erste Erfolge, aber die Anfangseuphorie legte sich rasch nach der Schlacht bei Bov am 9. April, in der die schleswig-holsteinische Armee mit etwa 6.000 Männern der dänischen Übermacht von 11.000 Soldaten unterlag.

Der schleswig-holsteinische Konflikt und die Frage der nationalen Zugehörigkeit Schleswigs entwickelten sich für die Abgeordneten der deutschen Nationalversammlung zu einer ganz Deutschland betreffenden Schicksalsfrage. Preußische Soldaten kamen den Schleswig-Holsteinern zu Hilfe. Die Großmächte England, Frankreich und Russland drangen im August 1848 auf einen Waffenstillstand, der aber schon im April 1849 von Dänemark gebrochen wurde. Als sich der Deutsche Bund aus dem Kriegsgeschehen zurückzog, zwangen England und Russland Preußen am 10. Juli 1849 zu einem erneuten Waffenstillstand und am 2. Juli 1850 zu einem Sonderfrieden mit Dänemark.

Nach einem ständigen Wechsel von Siegen und Niederlagen auf beiden Seiten sicherte sich Dänemark in der entscheidenden Schlacht bei Idstedt am 25. Juli 1850, bei der 1.200 Soldaten ihr Leben verloren, den endgültigen Sieg. Die schleswig-holsteinische Armee war der militärischen Übermacht Dänemarks und den politischen Zwängen der europäischen Großmächte ausgeliefert. Der Friedensvertrag zwischen den Großmächten und Dänemark in London am 8. Mai 1852 regelte, dass die Herzogtümer zwar Teil des Dänischen Gesamtstaats blieben, aber andererseits ihre Eigenständigkeit garantiert bekamen. Sowohl die Schleswig-Holsteiner als auch die Eiderdänen hatten ihre ursprünglichen politischen Ziele verfehlt.

Adresse: Löwe von Idstedt, Alter Friedhof, Museumsberg 1, 24937 Flensburg.

Mit der am 24. März 1848 in Kiel ausgerufenen Provisorischen Regierung und dem anschließenden dreijährigen Krieg erreichte der nationale Konflikt zwischen Schleswig-Holstein und Dänemark den Höhepunkt. Nach dem dänischen Sieg bei Idstedt 1850 blieben die politischen Verhältnisse zunächst bis 1864 unverändert.

Im Ort Idstedt, etwa 34 Kilometer südlich von Flensburg, kann man außerdem den Obelisken zum Gedenken an die Schlacht sowie die Idstedt-Gedächtnishalle, Idstedtkirche 1, 24879 Idstedt, besuchen, die die schleswig-holsteinische Erhebung und die Schlacht bei Idstedt dokumentiert. In Flensburg selbst gibt es zahlreiche historische Bauten in der Altstadt zu bestaunen wie die Johanniskirche aus dem 12. Jahrhundert, die gotische Nikolaikirche, die Nikolai-Apotheke von 1490, das Nordertor oder den Westindienspeicher von 1789. Die Stadt ist auch reich an Museen: Museumsberg, Museumsberg 1, 24937 Flensburg, Historischer Hafen mit Schifffahrtsmuseum, Schiffbrücke 39, sowie die Phänomenta, ein Science Center der Universität Flensburg, in dem Natur und Technik erlebbar werden, Norderstraße 157-163, 24939 Flensburg.

1851: BÜSTE WILHELM BAUERS – KIELER BRANDTAUCHER ALS ERSTES UNTERSEEBOOT

Die Büste Wilhelm Bauers aus Bronze und Stahl schuf Manfred Sihle-Wissel 2004. Nachdem sie ihren ursprünglichen Platz vor dem Schifffahrtsmuseum 2014 verlassen musste, wurde sie 2020 am heutigen Standort aufgestellt. Sie porträtiert den bayerischen Korporal, Ingenieur und Konstrukteur des Kieler Brandtauchers, eines der ersten Unterwasserschiffe der Welt.

Der Plan Wilhelm Bauers, mit Hilfe eines Unterseebootes unter Wasser Sprengladungen an feindlichen Schiffen anzubringen und damit die dänische Blockade des Kieler Hafens zu durchbrechen, wurde in der Schleswig-Holsteinischen Armee 1850 während des Krieges gegen Dänemark dankbar aufgegriffen. Die Kieler Maschinenfabrik und Eisengießerei Schweffel & Howaldt, die schon 1849 die erste Dampfmaschine für das Dampfschraubenkanonenboot „Von der Tann" gebaut hatte, wurde mit der Konstruktion des ersten Eisenschiffs an der Ostsee beauftragt. Zum Einsatz in diesem Krieg allerdings gelangte das Boot nie. Die Fertigstellung kam zu spät.

Büste Wilhelm Bauers

Das von Bauer entworfene Unterwasserboot war acht

Hörnbrücke, eine dreigliedrige Faltbrücke am Germaniahafen

Meter lang, drei Meter hoch und zwei Meter breit und wurde durch zwei von Menschenkraft bewegte Treträder und die damit verbundene Schiffsschraube angetrieben. Nach einem missglückten ersten Test im Januar unternahm Bauer mit zwei freiwilligen Mitarbeitern am 1. Februar 1851 einen zweiten Tauchversuch, obwohl das Schiff aufgrund fehlender finanzieller Mittel für den Einbau notwendiger Apparate noch nicht ganz fertiggestellt war. Das Unterwasserboot tauchte tatsächlich zweimal und kam heil wieder an die Oberfläche. Der zum Tauchen notwendige Ballast wurde in Form von großen Wassermengen durch Ventile in den Schiffsrumpf eingelassen. Beim dritten Tauchgang wollte Bauer testen, wie tief der Brandtaucher sinken konnte. Wieder ließ er Wasser ein, das Boot sank, zunächst auf neun Meter, geriet dann leider außer Kontrolle und sackte schließlich auf den Grund des Kieler Hafenbeckens. Wasser brach in den Innenraum ein. Von der Wasseroberfläche wurde inzwischen vergeblich versucht, mit Ankern, Ketten und Leinen zu helfen. Eine drohende Katastrophe konnte in letzter Sekunde abgewendet werden, indem es den Eingeschlossenen mit äußerster Kraft gelang, die Luke von innen aufzustemmen. Die drei Unterseebootfahrer wurden von dem entstehenden Luftdruck aus etwa zehn Metern Tiefe an die Oberfläche katapultiert und somit gerettet. Der Versuch der Schleswig-Holsteinischen Flotte im April 1851, das Schiff zu heben, misslang ebenso wie weitere Versuche der dänischen Marine 1855 und 1856. Bei Baggerarbeiten für den Torpedohafen Ellerbek wurde das Wrack 1887 entdeckt und gehoben. Der rekonstruierte „Brandtaucher" wird seit 1972 im Militärhistorischen Museum in Dresden gezeigt.

Mit einem verbesserten Modell reiste Bauer durch ganz Europa, um für seine Idee zu werben. Sein neues Unterseeboot „Seeteufel" glich dem ersten Schiff und wurde 1855 in Russland erfolgreich erprobt. Bis zu seinem Tode 1875 entwarf der beharrliche Erfinder weitere Modelle und schuf damit wichtige Grundlagen für den Bau von Unterseebooten.

Adresse: Büste Wilhelm Bauers, Am Germaniahafen, Willy-Brandt-Ufer, 24143 Kiel.

Wilhelm Bauer konstruierte eines der ersten Unterseeboote der Welt, den „Brandtaucher". Beim Tauchversuch 1851 sank das Schiff aber und konnte erst viel später geborgen werden.

Im Umfeld der Büste Bauers am Germaniahafen steht man direkt am Kieler Hafen und kann Fähranleger wie den Norwegenkai aus nächster Nähe betrachten. Der Germaniahafen selbst ist ein Hafenbecken für schöne alte Traditionssegelschiffe. Der Name erinnert an die Germaniawerft, die sich bis zum Zweiten Weltkrieg hier befand. Über die Hörnbrücke, eine dreigliedrige Faltbrücke von 1997, die einzige Brücke weltweit, die nach dem Dreifeldzugklapp-Prinzip funktioniert, gelangt man vom Ostufer zum Westufer Kiels und direkt in die Innenstadt, zum Beispiel zum Schifffahrtsmuseum, in dem man die Hafengeschichte Kiels studieren kann, Wall 65, 24103 Kiel.

1852: GRABSTÄTTE DER FAMILIE AHLMANN – GRÜNDUNG VON BANK UND ZEITUNG IN KIEL

Die Grabstätte der Familie Ahlmann auf dem Kapellenberg des Kieler Südfriedhofs entwarf 1879 der erfolgreiche Heinrich Moldenschardt, einer der ausschlaggebenden Architekten Kiels und Schleswig-Holsteins in der Zeit des Historismus. Der ebenfalls berühmte Bildhauer Adolf Brütt gestaltete 1911 das zentrale Marmorrelief mit dem Doppelporträt des Ehepaares Dora und Wilhelm Ahlmann.

Am 1. Juli 1796 eröffnete in der Schuhmacherstraße auf Initiative der 1793 gegründeten „Gesellschaft freiwilliger Armenfreunde" die Kieler Spar- und Leihkasse als eine der ältesten deutschen Sparkassen und nach der Sparkasse von Gut Dobersdorf die erste in Schleswig-Holstein. Neben diesem Institut für kleinere Finanzaktionen von Handwerkern und Kleingewerbetreibenden aber gab es bis ins 19. Jahrhundert in Schleswig-Holstein noch keine Banken, so dass größere Geldgeschäfte in Hamburg oder Altona getätigt werden mussten oder auch beim alljährlichen Kieler Umschlag. Erst 1852 gründete der gebürtige Nordschleswiger Wilhelm Ahlmann eine erste Bank in Kiel.

Grabstätte der Familie Ahlmann

Nach Kaufmannslehre in Kiel und Studium in Berlin und Tübingen lehrte Wilhelm Ahlmann ab 1847 als Privatdozent für Nationalökonomie an der Kieler Christian-Albrechts-Universität und engagierte sich darüber hinaus in der schleswig-holsteinischen Bewegung und als Sekretär in der Provisorischen Regierung von 1848, in der er für eine Reform des Postwesens nach modernen Gesichtspunkten sorgte. Nach dem Scheitern der schleswig-holsteinischen Unabhängigkeitsbestrebungen und der Entlassung aus der Universität wegen seiner politischen Aktivitäten zog er es vor im Gegensatz zu emigrierenden Kollegen, in seiner Heimat zu bleiben, und entschloss sich 1852 zur endgültigen Aufgabe seiner akademischen Laufbahn und zur Gründung einer Bank, für die er das Brockdorffsche Adelspalais an der Ecke Holstenstraße/Holstenbrücke nutzte. Die finanziellen Mittel für den Aufbau seiner Firma erhielt Ahlmann von seiner Familie. Das Bankhaus wurde in dem mit 16.000 Einwohnern noch kleinen Kiel rasch zu einem erfolgreichen Unternehmen, in dem Kieler Geschäftsleute und auch die Adeligen des Landes ihre Geldgeschäfte abwickelten und das sich auf Geldhandel, Hypothekenvermittlung und Vereinfachung des Zahlungsverkehrs während des Kieler Umschlags spezialisierte. Die verschiedenen Währungen, die in Schleswig-Holstein Verwendung fanden, erschwerten den Zahlungsverkehr enorm. Für den Kieler Umschlag musste die Ahlmann-Bank eine große Menge Speziestaler bereithalten, für deren Ausgabe ein Aufgeld erhoben wurde. Die Silbermünzen wurden in Säcken, größere Mengen in Tonnen auf Karren und Wagen durch die Stadt transportiert.

Die Gründung des Deutschen Reiches 1871 und der Aufstieg Kiels zum Reichs-

Ahlmann-Stele vor dem Bankhaus, Rathausplatz, 24103 Kiel

kriegshafen schufen neue Gewinnfelder mit der Finanzierung von öffentlichen Bauten, Industriebetrieben, Bauunternehmern und Hausbesitzern. In der Folgezeit wurden viele weitere Banken in Kiel gegründet.

Sein politisches Engagement hielt Wilhelm Ahlmann zeitlebens aufrecht, indem er ab 1864 die „Kieler Zeitung" als Sprachrohr der liberalen Politik in Schleswig-Holstein herausgab. Von 1866 bis 1888 vertrat Ahlmann als liberaler Kieler Stadtverordneter und von 1867 bis 1875 als Abgeordneter der Fortschrittspartei im Preußischen Landtag die Interessen der Bürger. Bis 1889 leitete Wilhelm Ahlmann seine Bank allein, bis 1894 zusammen mit seinem Sohn. 1910 starb Wilhelm Ahlmann im Alter von 93 Jahren und wurde in der familieneigenen Gruft beigesetzt.

Adresse: Grabstätte der Familie Ahlmann, Südfriedhof, Saarbrückenstraße 1, 24114 Kiel.

Der in der schleswig-holsteinischen Bewegung politisch aktive Wilhelm Ahlmann gründete 1852 die erste große Bank in Kiel und gab ab 1864 die „Kieler Zeitung" heraus.

Auf dem 1869 eröffneten Südfriedhof, dem ältesten Kirchhof Kiels außerhalb der Altstadt und der ersten durchgehend als Parkfriedhof gestalteten Begräbnisstätte Deutschlands, befinden sich auf dem künstlich angelegten Kapellenberg Grabkapellen, Mausoleen und Grabstätten berühmter und wohlhabender Kieler Bürgerfamilien aus dem ausgehenden 19. Jahrhundert. Man kann die Gräber des niederdeutschen Dichters Klaus Groth, des bekannten Kieler Theologen Claus Harms, des Werftgründers Georg Howaldt, des Schriftstellers Johann Meyer und auch des Architekten Heinrich Moldenschardt besuchen.

1864: ÖSTERREICHER-DENKMAL BEI OEVERSEE – DEUTSCH-DÄNISCHER KRIEG

An der Stelle, an der das so genannte Österreicher-Denkmal steht, gab es am 6. Februar 1864 im Rahmen des Deutsch-Dänischen Krieges ein heftiges Gefecht zwischen einer Nachhut des dänischen Heeres und Teilen der österreichischen Armee, aus dem die Österreicher siegreich hervorgingen. Die Inschrift charakterisiert die gefallenen Soldaten verklärend: „Siegend fanden sie im Kampfe hier den Heldentod."

Die Auseinandersetzung um die Zukunft der Herzogtümer Schleswig und Holstein war nach dem Krieg von 1848–1851 keineswegs befriedet. Der Londoner Friedensvertrag von 1852 bestätigte zwar den Status quo, nach dem die Herzogtümer Teile des Dänischen Gesamtstaats blieben, garantierte ihnen aber ebenso ihre Unteilbarkeit. Trotz dieser Absage an eine Eingliederung Schleswigs strebte die eiderdänische Partei in Kopenhagen weiterhin die Vereinigung des Herzogtums Schleswig mit Dänemark zu einem Nationalstaat mit der Eider als Südgrenze des Reiches an. Indem

Österreicher-Denkmal bei Oeversee

Dänisches Denkmal bei Oeversee

Dänisch in Nordschleswig als alleinige Unterrichtssprache festgelegt und privater Deutschunterricht verboten wurde, sollte die Anbindung Schleswigs an Dänemark betont werden. Die deutschen Kräfte in Schleswig-Holstein hielten dagegen ihre Forderung nach Unteilbarkeit aufrecht. Die Krise trat offen zutage, als nach dem Tod des dänischen Königs Frederik VII. 1863 dessen Nachfolger Christian IX. unter dem Druck seiner eiderdänischen Regierung eine neue Verfassung unterschrieb, die sowohl für Dänemark als auch für Schleswig gelten sollte und faktisch das Herzogtum dem Königreich Dänemark angliederte.

Der Deutsche Bund sah diesen Akt als Verstoß gegen das Londoner Protokoll und gegen internationales Recht. Preußen und Österreich als führende Mächte des Deutschen Bundes verfolgten auch eigene Machtinteressen und stellten dem dänischen König ein Ultimatum von 48 Stunden bis zum 16. Januar 1864, die Verfassung zurückzunehmen. Dänemark ließ das Ultimatum verstreichen. Daraufhin marschierten preußische und österreichische Truppen mit mehr als 55.000 Soldaten unter dem Oberbefehl des fast achtzigjährigen Generalfeldmarschalls Friedrich von Wrangel am 21. Januar 1864 in Holstein ein und überquerten am 1. Februar 1864 die Eidergrenze. Die 44.000 dänischen Soldaten zogen sich vor der preußisch-österreichischen Armee an das Danewerk zurück. Da der Schutzwall aber nicht zu halten war, weil die Sumpfgebiete, die einen zusätzlichen Schutz gewähren sollten, in dem extrem kalten Winter zugefroren und vom Gegner leicht zu überwinden waren, wurde das Bollwerk überhastet aufgegeben. Vereiste Wege und schwerer Schneesturm behinderten einen geordneten Rückzug der Truppen. In Oeversee sollte am 6. Februar 1864 eine Abteilung der Dänen die nachrückenden Österreicher aufhalten. Es kam zu einem hitzigen Gefecht, das die österreichische Armee für sich entscheiden konnte. Die Verluste waren auf beiden Seiten sehr hoch.

Das Hauptheer der Dänen konnte aber ungehindert in die Festung an den Düppeler Schanzen in der Nähe der Stadt Sønderborg gelangen, die besser zu verteidigen schien als das Danewerk. Die preußisch-österreichischen Heerführer gaben Befehl, die Festung zu belagern und mit modernen Hinterlader-Geschützen zu beschießen, denen die Dänen nichts entgegenzusetzen hatten. Da die dänische Regierung die Festung um keinen Preis aufgeben wollte, kam es zu einem blutigen Gemetzel, der so genannten „Schlachtbank Düppel", auf der das Leben unendlich vieler junger Menschen geopfert wurde; 1.700 dänische und 1.000 preußische Soldaten starben. Am 18. April 1864 erstürmten die Preußen und Österreicher die Düppeler Schanzen, und der Krieg, der auch durch neue Technologien wie die Eisenbahn für den schnellen Truppentransport und die Telegrafenleitungen für rasche Entscheidungen in den Heeresleitungen entschieden wurde, war zu Ende.

Im Wiener Frieden am 30. Oktober 1864 musste Dänemark die Herzogtümer Holstein, Lauenburg und Schleswig bis zur Königsau, ein Drittel seines Territoriums, an die Siegermächte abtreten, die vorerst das Gebiet gemeinsam verwalteten, sich aber in der Gasteiner Konvention vom 14. August 1865 darauf verständigten, Holstein unter österreichische, Schleswig und Lauenburg unter preußische Verwaltung zu stellen.

Adresse: Österreicher-Denkmal an der Landesstraße 317/Ecke Jens-Thaysen-Weg, auf der Höhe des Sankelmarker Sees, 24988 Oeversee.

Im Deutsch-Dänischen Krieg von 1864 ging es um die Zukunft des Herzogtums Schleswig, dessen Eingliederung in das Königreich Dänemark von Preußen und Österreich verhindert werden sollte. In der Schlacht bei Düppel am 18. April 1864 fiel die Entscheidung, und Dänemark verlor die Herzogtümer an die beiden Siegermächte.

Gegenüber dem Österreicher-Denkmal steht das dänische Pendant am Sankelmarker See. Eine Wanderung um den See immer direkt am Ufer entlang dauert auf dem vier Kilometer langen Rundweg etwa 90 Minuten. Im südlich gelegenen Ort Oeversee wartet die romanische St.-Georg-Feldsteinkirche aus dem 12. Jahrhundert, an deren Rundturm mit Schießscharten ihre Funktion als Wehrkirche zu erkennen ist, auf einen Besuch, Am Brautplatz 1, 24988 Oeversee. Der 1519 erstmals erwähnte Historische Krug am Grazer Platz 1 ist das älteste Gasthaus Schleswig-Holsteins. Auch der Ort der entscheidenden Schlacht könnte einen Abstecher wert sein, die Düppeler Schanzen bei Sønderborg liegen 55 Kilometer entfernt.

1871: STANDBILDER BISMARCKS UND WILHELMS I. – PREUSSISCHE ANNEXION UND REICHSGRÜNDUNG

Reiterstandbild Wilhelms I. in Lübeck

Das sieben Meter hohe Standbild Otto von Bismarcks auf dem 98 Meter hohen Aschberg wurde nach einem Entwurf des Kieler Bildhauers Adolf Brütt von dem Berliner Metallbildhauer Gustav Lind in Kupfer gestaltet. Ursprünglich stand es von 1901 bis 1919 in einer Nische des Bismarckturms auf dem Knivsberg bei Åbenrå, 1930 wurde es auf dem Aschberg errichtet. Das Bronze-Reiterdenkmal Kaiser Wilhelms I. von Louis Tuaillon wurde 1912 in Auftrag gegeben, aber erst 1921 fertiggestellt.

Der Konflikt zwischen den Siegermächten von 1864 Preußen und Österreich ließ nicht lange auf sich warten. Als Österreich bei der Deutschen Bundesversammlung beantragte, die Beratung über die Zukunft der Herzogtümer an die holsteinischen Stände zu überweisen, nahm Preußen diesen vermeintlichen Bruch der Gasteiner Konvention zum Anlass, das österreichisch verwaltete Holstein zu besetzen. In dem daraus entstehenden Deutschen Krieg zwischen Österreich und Preußen im Sommer 1866 ging es im Grunde um die Vorherrschaft in Deutschland. Nach der Niederlage bei Königgrätz am 3. Juli 1866 kapitulierte die Donaumonarchie und verzichtete im Frieden von Prag am 23. August 1866 auf Holstein. Der 1815 gegründete Deutsche Bund wurde aufgelöst, an dessen Stelle der

Norddeutsche Bund unter der Führung von Preußen trat.

Am 17. Januar 1867 wurde die preußische Provinz Schleswig-Holstein gebildet, deren nördliche Grenze zu Dänemark an der Königsau lag. Die Dänen erkannten diese Grenzziehung nicht an. Die Schleswig-Holsteiner betrachteten die Überführung in den Status einer preußischen Provinz als feindliche Annexion. Eine Allianz von Herzogstreuen, Liberalen und demokratischen Linken sprach sich für den Augustenburger Herzog Friedrich VIII. als Fürst eines Großherzogtums Schleswig-Holstein aus. Als nach dem dritten der so genannten „Reichseinigungskriege" gegen Frankreich 1871 das Deutsche Kaiserreich gegründet wurde, schlug die Stimmung allmählich um. Dabei half auch der immer stärkere wirtschaftliche Aufschwung im blühenden neuen Reich. 1898 wurde die Erhebung der Schleswig-Holsteiner von 1848 und die Vereinigung im Deutschen Reich mit großem Jubel gefeiert.

In Nordschleswig bedingte eine seit 1871 betriebene Germanisierungspolitik eine Unterdrückung der dänischen Sprache im Bildungsbereich und im öffentlichen Leben. Dänisch durfte nur noch im privaten Bereich und in der Kirche gesprochen werden. 1888 wurde Deutsch als einzige Unterrichtssprache in Nordschleswig angeordnet. Die zunehmende Einwanderung deutscher Arbeitskräfte nach Nordschleswig durch die Schaffung neuer Industriearbeitsplätze und der notwendigen Infrastruktur stärkte das deutsche Element in dieser Region derart, dass die dänische Bevölkerung das wie eine Fremdherrschaft empfand. Diese Tendenz stärkte den nationalbewussten dänischen Bevölkerungsteil. Die drastische Politik gegen die dänische Kultur und Sprache, die der preußi-

Bismarck-Denkmal am Aschberg

sche Oberpräsident Ernst-Matthias von Köller mit Hilfe von Ausweisungen und anderen Zwangsmaßnahmen betrieb, rief heftigsten Widerstand der dänischen Vereine gegen diese Germanisierungspolitik hervor. Das Symbol für die preußische Machtpolitik sahen die Dänen in der Errichtung des überdimensionalen Bismarck-Denkmals auf dem Knivsberg in der Nähe von Åbenrå.

Das übermäßige Selbstwertgefühl der Deutschen speiste sich vor allem auch aus den so genannten deutschen oder preußischen Tugenden wie Ehrlichkeit, Treue, Gottesfurcht usw. Man fühlte sich anderen Ländern überlegen, auch den Franzosen und Engländern, vor allem aber den Slawen und außereuropäischen Völkern. Nach der Reichsgründung machten sich auch die zunächst eigentlich preußenfeindlichen Schleswig-Holsteiner das übersteigerte Selbstwertgefühl der Deutschen gegenüber anderen Völkern zu eigen und bekannten sich mit Nachdruck zum deutschen Nationalstaat, während die dänische Bevölkerung im Norden der Provinz dem preußischen Staat weiterhin ablehnend gegenüberstand. Hinzu kam, dass der wirtschaftliche Aufschwung vor allem dem Süden des Landes zugutekam und die wachsende Industrialisierung überwiegend in holsteinischen Städten wie Altona, Neumünster und Kiel stattfand und weniger in den Städten im schleswigschen Teil.

Adresse: Bismarck-Standbild auf dem Aschberg, Aschberg 3, 24358 Ascheffel.
Reiterstandbild Wilhelms I., Lindenplatz, 23554 Lübeck.

Nach dem Deutschen Krieg von 1866 zwischen Preußen und Österreich wurde Schleswig-Holstein preußische Provinz. Erst nach der Reichsgründung 1871 sahen viele darin nicht mehr die unerwünschte Annexion. Die Gegensätze zwischen den deutschen und den dänischen Bewohnern Nordschleswigs dagegen blieben unvermindert bestehen.

Der kaiserliche Protagonist dieser Politik schaut in Richtung der Innenstadt der Hansestadt Lübeck, die so viele Sehenswürdigkeiten im Stil der Backsteingotik bietet. Seit 1987 steht die Altstadt Lübecks in der Welterbeliste der UNESCO.
Der Aschberg liegt mitten in einer romantischen Hügellandschaft mit zahlreichen Wäldern und Seen, die zum Wandern, Radeln, Paddeln einlädt. Über den Aschberg verlaufen mehrere Wanderwege, die die fünf Naturparks in Schleswig-Holstein miteinander verbinden.

56 1882: KAISERTREPPE DES KIELER HAUPTBAHNHOFS – KIELER WOCHE

Die Kaisertreppe mit dem Reichsadler über dem Portal am Ostausgang des Kieler Hauptbahnhofs erinnert an die kaiserlichen Besuche während der Kieler Woche. Sie wurde um 1900 angelegt, um dem deutschen Kaiser Wilhelm II. einen möglichst kurzen Weg von den Salonwagen seines Hofzugs zur kaiserlichen Yacht zu ermöglichen. Im Zweiten Weltkrieg wurde der prachtvoll gestaltete Hauptbahnhof zerstört, ab 1950 in einfacherer Form wieder aufgebaut. Die Kaisertreppe wurde aber erst 2006 wiederhergestellt.

Da der erste Kieler Bahnhof von 1844 am Ziegelteich sich als viel zu klein erwies, um den wachsenden Verkehr eines Reichskriegshafens zu bewältigen, begann die Stadt im Jahr 1895 mit einem Neubau etwas weiter stadtauswärts. Vier Jahre später konnte der westliche Teil des neuen Kopfbahnhofs in Betrieb genommen werden. Nachdem auch der Ostflügel im Jahr 1900 fertiggestellt war, wurde der alte Bahnhof abgerissen. Der Ostflügel öffnete sich über eine breit angelegte Treppe mit einer geschwungenen Auffahrt zum Hafenbecken. Über diese so genannte Kaisertreppe gelangten die kaiserlichen Gäste auf dem kürzesten Weg zur kaiserlichen Yacht.

Unterhalb dieser Treppe ankerte die kaiserliche Yacht „Meteor", die Wilhelm II. über alles liebte. Deshalb war der Kaiser auch ab 1889 ein regelmäßiger Gast der Kieler Woche. Eine bescheidene Regatta mit nur zwanzig Segelschiffen am 23. Juli 1882 bildete den Auftakt zu einer großen Erfolgsgeschichte. Schon 1884 wurden die Segelwettkämpfe eine Woche lang veranstaltet. Zehn Jahre später taufte ein Journalist die

Kaisertreppe des Kieler Hauptbahnhofs

Segler, Bronzefigur von Karlheinz Goedtke, 1962, Seegarten-Anleger

Wettfahrten „Kieler Woche". Wilhelm II. war Kommodore des Kaiserlichen Yachtclubs und ein großer Förderer des Segelsports und der Kieler Woche, in deren Verlauf 1895 auch der Kaiser-Wilhelm-Kanal eingeweiht wurde. In der Zeit des Ersten Weltkriegs fielen die Segelwettfahrten aus, ebenso im Zweiten Weltkrieg, nachdem die Kieler Woche von den Nationalsozialisten eine propagandistische Ausrichtung erfahren hatte und die Segelolympiade 1936 in Kiel ausgetragen worden war. Nach dem Krieg richtete die britische Besatzungsmacht 1945 unter Ausschluss aller deutschen Segler eine „Kiel-Week" aus. 1949 fand wieder eine Kieler Woche mit Sportlern aus aller Welt statt. Theodor Heuss eröffnete als erster Bundespräsident die Veranstaltung im Jahr 1950. 1972 wurde Kiel zum zweiten Mal Austragungsstätte der olympischen Segelwettbewerbe mit der ersten großen Windjammerparade. Die Kieler Woche entwickelte sich immer mehr zu einem großen Volksfest, für das 1974 auch die „Kiellinie" eröffnet wurde. 1994, wobei die zwölf Jahre der Kriegszeiten nicht gerechnet wurden, feierte man in Kiel die 100. Kieler Woche, 2007 folgte das 125. Jubiläum.

Adresse: Kaisertreppe, Hauptbahnhof Kiel, Kaistraße, 24114 Kiel.

Die um 1900 angelegte Kaisertreppe des Kieler Hauptbahnhofs ermöglichte Kaiser Wilhelm II. den bequemen Übergang zu seiner Segelyacht „Meteor", um an der seit 1882 stattfindenden Kieler Woche teilzunehmen oder mit seiner Staatsyacht „Hohenzollern" zu seinen alljährlichen Nordlandreisen aufzubrechen.

Von der Kaisertreppe aus empfiehlt sich ein ausgiebiger Spaziergang entlang dem Fördeufer bis zur Kiellinie. Der Weg führt vorbei an verschiedenen Hafenanlagen, an dem Schifffahrtsmuseum am Seegarten-Anleger, am Skandinavienkai, an Kreuzfahrtschiffen und dem alten Olympiahafen von 1936. Es gibt viele Segel- und Motorboote zu bewundern.

1895: KAISERADLER – BAU DES NORD-OSTSEE-KANALS

Das Sandsteinrelief „Kaiseradler" schmückte seit 1894 über sechzig Jahre lang einen der Widerlagertürme der alten Levensauer Hochbrücke, einer der ersten Brücken über den neuen Kaiser-Wilhelm-Kanal. Entworfen wurde der Kaiseradler vom Architekten der Brücke Hermann Muthesius. Als die Brücke von einer neuen ersetzt wurde und die alten Türme abgerissen wurden, wurde das Relief zwischengelagert, bis es 1995, einhundert Jahre nach der Eröffnung des Nord-Ostsee-Kanals, an seinen jetzigen Ort an der Holtenauer Schleuse gehängt wurde. Der Adler trägt auf seiner Brust das königlich-preußische Wappen.

Die Umfahrung der Kimbrischen Halbinsel um Skagen galt seit jeher als besonders gefährlich. Zwischen 1858 und 1887 verzeichnete man über 2.000 Schiffsverluste auf der Fahrt um Jütland. Der alte Traum von einer weniger gefährlichen und vor allem kostengünstigeren Durchquerung der Halbinsel sollte mit dem ersten Plan zu einem neuen Kanal durch Schleswig-Holstein verwirklicht werden, der nach dem Deutsch-Dänischen Krieg 1864 auftauchte, um der deutschen Flotte den Weg von der Ostsee in die Nordsee zu ermöglichen, ohne dänisches Land passieren zu müssen. Bismarck konnte schließlich den deutschen Kaiser Wilhelm I. von dem Kanalprojekt überzeugen, so dass der 90-jährige Monarch am 3. Juni 1887 in Kiel-Holtenau den Grundstein legte. Für das gewaltige Bauprojekt wurden fast 9.000 Arbeiter angeworben, um mit Hacke und Schaufel über 80 Millionen Kubikmeter Erde zu bewegen. Mit 156 Millionen Mark Baukosten

Kaiseradler der Levensauer Hochbrücke

war der Kanal das größte Verkehrsprojekt in Schleswig-Holstein.

Der Kanal war 98,26 Kilometer lang, im Wasserspiegel 162 Meter breit, an der Sohle 90 Meter und wies eine Wassertiefe von 11 Metern auf. An den Endpunkten des Kanals in Kiel und Brunsbüttel glichen Schleusen die unterschiedlichen Wasserstände aus. Etliche Eisenbahn- und Straßenbrücken sowie Fahrzeug- und Personenfähren überwanden den Nord-Ostsee-Kanal.

Nach achtjähriger Bauzeit wurde die neue Wasserstraße am 21. Juni 1895 mit der Schlusssteinlegung in Kiel-Holtenau im Rahmen einer aufwändigen Feier von Kaiser Wilhelm II. eingeweiht, der den Kanal nach seinem Großvater „Kaiser-Wilhelm-Kanal" taufte. Schon ein Jahr später verzeichnete man über 8.000 Dampfer- und fast 12.000 Segelschiffpassagen. 1911 verkehrten auf dem Kanal etwa 50.000 Schiffe, also täglich durchschnittlich 165.

Leuchtturm in Kiel-Holtenau von 1895

Als das Deutsche Reich um 1900 seine Rüstungsanstrengungen verstärkte und mit der Vergrößerung und Modernisierung der Flotte begann, erwiesen sich die Abmessungen des Kanals sowohl für die Marine als auch für die Handelsschifffahrt bereits als unzureichend. Von 1907 bis 1914 verbreiterte und erweiterte man deshalb die Wasserstraße. Darüber hinaus waren durch die Erweiterung in Kiel und Brunsbüttel jeweils zwei neue längere und breitere Schleusenanlagen erforderlich. Die Kammern der Holtenauer Schleusen wurden nun auf eine Länge von 330 Metern, eine Breite von 45 Metern und eine Tiefe von 13,77 Metern gebracht und sind damit die größten Schleusenbauwerke der Welt, die bis heute in Betrieb sind. Jede der zwei Kammern hat drei Schiebetore, von denen das Mitteltor zugleich Reservetor ist und in der verkürzten Kammer eine schnellere Schleusung ermöglicht. Die Schleusungszeit beträgt durchschnittlich 45 Minuten. Nach den Kanalerweiterungsmaßnahmen wurden die Holtenauer Schleusen am 14. Juni 1914 wiederum von Kaiser Wilhelm II. eröffnet. Die kaiserliche Yacht „Hohenzollern" durchschnitt das über die Schleusenkammer gespannte weiße Band und gab die Schleuse für den Verkehr frei.

Adresse: Kaiseradler an der Holtenauer Schleuse, Aussichtspunkt Uferstraße, 24106 Kiel.

Der von 1887 bis 1895 gebaute Nord-Ostsee-Kanal sollte die ungefährlichere, schnellere und billigere Durchquerung Schleswig-Holsteins für Handels- und Marineschiffe ermöglichen. 1914 wurden die neuen Schleusen eingeweiht.

Das Relief „Kaiseradler" hing ursprünglich an einem Turm der alten Levensauer Hochbrücke. Am jetzigen Standort bietet die hohe Aussichtsplattform einen einmaligen Überblick über die gesamte Schleusenanlage und die Einfahrt in den Nord-Ostsee-Kanal. Mit der kleinen Kanalfähre, Uferstraße 50, 24106 Kiel, ist die Wasserstraße schnell zu überqueren, um am anderen Ufer bis zum alten Leuchtturm Holtenau von 1895 zu spazieren: am historischen Tiessenkai, 24159 Kiel. Eine Wanderung am Kanal entlang verspricht interessante Ausblicke auf die Wasserstraße, die Kanalbrücken und die Schiffe.

58

1900: RATHAUSTURM IN KIEL – KIEL ALS GROSSSTADT

Der Turm des Kieler Rathauses ist 106 Meter hoch und bietet in 70 Metern Höhe eine Besucherplattform, von der man einen fantastischen Blick auf die Stadt und den Hafen hat. Der Turm erinnert in seiner äußeren Gestaltung an den Campanile in Venedig, ist allerdings sieben Meter höher und strahlt das neue Selbstbewusstsein der jungen Großstadt aus, demonstriert darüber hinaus den von Wilhelm II. erhobenen Anspruch des Kaiserreichs, als Seemacht zu gelten.

Um 1900 hatte Kiel mehr als 100.000 Einwohner und war somit zur Großstadt geworden. Binnen weniger Jahrzehnte war die Stadt aufgrund des Ausbaus der Marine und der Werften gewachsen. Sinnbildlich für diesen Aufstieg wurde am 12. November 1911 vom deutschen Kaiser das neue Rathaus in Kiel nach vierjähriger Bauzeit eingeweiht. Das von dem Architekten Hermann Billing entworfene Gebäude an der Fleethörn hatte 4,2 Millionen Goldmark an Baukosten verursacht. Etwa

Kieler Rathausturm

50.000 Menschen wurden Zeugen, wie Kaiser Wilhelm II. und Kaiserin Auguste Viktoria vom Balkon über dem Hauptportal und unter dem beherrschenden Turm das Rathaus seiner Bestimmung übergaben.

Die so genannte Gründerzeit war charakterisiert durch den wirtschaftlichen Aufschwung des Deutschen Reiches nach der Reichsgründung 1871 und die vielen erfolgreichen Unternehmensgründungen. Auch die Architektur und die bürgerliche Lebenskultur waren mit dem Begriff gemeint. Die neue Großstadt Kiel war von gründerzeitlicher Bauweise geprägt. Überall musste das alte mittelalterliche Stadtbild dem neuen Stil weichen. Aufgrund des erheblich gestiegenen Wohnraumbedarfs entstanden neue Quartiere mit drei- bis sechsgeschossiger Mietshausbebauung und Villenviertel für das wohlhabende Bürgertum. Das neue Rathaus mit seiner schönen Sandsteinfassade war konsequent nach den Vorstellungen gründerzeitlicher Architektur geschaffen worden. Außer dem Rathaus wurden auch 1895 ein neuer Bahnhof, 1907 das Theater und andere repräsentative Gebäude, auch etliche große Warenhäuser im gleichen Stil gebaut.

Um die Stadterweiterung planmäßig zu gestalten, entwickelte der Stadtbaumeister Gustav Martens ab 1869 einen Bebauungs- und Stadterweiterungsplan, den so genannten „Martensplan“, der die Eingliederung des alten Dorfes Brunswik und der südlichen Stadtteile vorsah, für die er eine regelmäßige Blockbebauung und eine breite Ringstraße mit einem großen Bogen um Altstadt und Vorstadt bis zur eingemeindeten Brunswik entwarf. Entgegen Martens' Erwartungen wuchs die Stadt allerdings wegen der Marinestandorte vor allem im Norden. Martens' Nachfolger entwickelte folgerichtig einen Bebauungsplan für den Norden der Stadt, für den er einen schachbrettartigen Grundriss vorsah.

Ein zentrales Thema für die wachsende Großstadt Kiel bedeutete die Wasserversorgung, für die man zwischen 1880 und 1900 Wasserwerke und Wassertürme in Gaarden, am Ravensberg, am Schulensee und im Schwentinetal einrichtete. Dieser Ausbau der zentralen Wasserversorgung zwang dazu, entsprechend auch das Abwasser zu beseitigen. Deshalb begann die Stadt ab 1880 auch mit der planmäßigen Vollkanalisation. 1906 wurde genehmigt, die Abwässer bei Bülk am Eingang der Förde in die Ostsee zu leiten. Aber 1925 war erst jeder dritte Kieler Haushalt an die Kanalisation angeschlossen. Ein weiteres wichtiges Projekt galt der Verkehrsplanung. Ab 1896 fuhr eine elektrische Straßenbahn zunächst auf drei, rasch dann auf zehn Linien durch die moderne Großstadt.

Paternoster im Kieler Rathaus

Adresse: Rathaus, Fleethörn 9, 24103 Kiel.

Das Kieler Rathaus wurde zwischen 1907 und 1911 im Stil der Gründerzeit gebaut und entsprach den höheren Ansprüchen der jungen Großstadt Kiel, die rasant über ihre bisherigen Stadtgrenzen hinauswuchs und um die Jahrhundertwende mehrere neue Gebäude im gleichen Stil erhielt.

Das Innere des Rathauses lohnt einen Besuch. Etwas Besonderes ist der alte Paternoster, einer der wenigen Aufzüge dieser Art, die noch im Betrieb sind. Vom Turm aus kann man einen herrlichen Ausblick genießen. Die Innenstadt Kiels liegt quasi vor der Haustür des Rathauses. Stets präsent in Kiels Altstadt ist das Wasser, nicht nur das der Förde, sondern auch das des Kleinen Kiel oder des neuen Holstenfleetes.

1902: WERFTARBEITER-FIGUR IN KIEL – GERMANIAWERFT KIEL

Der kräftige Werftarbeiter, die Skulptur aus Muschelkalk von Erich Schmidt-Kabul aus den Jahren 1939–1940, steht selbstbewusst in einer für ihn geschaffenen Nische im Obergeschoss des Backsteingebäudes auf dem Kieler Seefischmarkt. Dem damaligen Zeitgeschmack gemäß repräsentiert der heroisch wirkende Werftarbeiter diesen in Kiel allgegenwärtigen Berufsstand.

Werftarbeiter-Figur in Kiel

Obwohl es im Hafengebiet Kiels immer schon kleinere Schiffbaubetriebe gab, begann die eigentliche Werftkarriere der Stadt erst 1865, als der 24-jährige Ingenieur Georg Ferdinand Howaldt, ältester Sohn des Gründers der Maschinenfabrik Schweffel&Howaldt, in Ellerbek am nördlichen Schwentineufer auf einer kleinen Werft anfing, Eisenschiffe zu bauen. Nachdem er weitere Erfahrungen als Technischer Direktor der Norddeutschen Schiffbau-Aktien-Gesellschaft in Gaarden gesammelt hatte, gründete Howaldt 1876 wiederum eine eigene Werft, die „Georg Howaldt Kieler Schiffswerft". Mit dem enormen Auftrieb des Schiffbaus in den 1880er Jahren konnte auch Howaldts Unternehmen mit nun bereits über 1.200 Arbeitern kräftig expandieren. 1889 fusionierten die Werft und die Maschinenfabrik der Gebrüder Howaldt zu der Aktiengesellschaft „Howaldtswerke". Auf dem erheblich erweiterten Betriebsgelände konnten nun wesentlich größere Schiffe gebaut werden.

Nachdem Kiel 1867 Kriegshafen des neu geschaffenen Norddeutschen Bundes geworden war, eröffnete in Kiel-Ellerbek die Königliche Werft Kiel, die 1871 in die Kaiserliche Werft umbenannt wurde und größere Schiffe für die Kaiserliche Marine baute. Nach der Eröffnung des Nord-Ostsee-Kanals 1895 zog die Werft auf ein beträchtlich ausgedehntes Betriebsgelände in Kiel-Gaarden um. Vor der Howaldt-Werft und der Germaniawerft war die Kaiserliche Werft der größte Schiffbaubetrieb Kiels.

Die Jahrhundertwende brachte dem deutschen Schiffbau einen beachtlichen Aufschwung, entsprechend dem allgemeinen wirtschaftlichen Wachstum seit der Reichsgründung. Der deutsche Kaiser Wilhelm II. träumte vom Bau einer unschlagbaren Flotte und beauftragte 1892 den Großadmiral Alfred Tirpitz damit. Nach einem Reichsgesetz durfte für dieses Großprojekt nur deutsches Material ausschließlich auf deutschen Werften verarbeitet werden. Davon profitierte die deutsche Stahlindustrie, allen voran die Essener Firma Krupp. Diese erwarb die Norddeutsche Werft in Kiel-Gaarden, die ab 1876 insgesamt 83 Eisenschiffe herstellte, unter anderem die kaiserliche Yacht „Hohenzollern". 1902 wurde der Betrieb als Germaniawerft der Friedrich-Krupp-AG weitergeführt, die sich neben dem Bau von Kriegsschiffen als erste Werft auf den U-Boot-Bau für die Kaiserliche Marine spezialisierte. Als im August 1914 der erste Weltkrieg ausbrach, waren Ausbau und Modernisierung der Kaiserlichen Flotte noch nicht abgeschlossen. Nach der Niederlage in diesem Krieg bedeutete die folgende Demontage das vorläufige Ende der Kieler Werften. Insgesamt sank aufgrund der stagnierenden Wirtschaft und der entsprechenden Abwanderung von Arbeitskräften die Einwohnerzahl Kiels auf etwa 200.000. Die Werften begannen, sich umzuorientieren und sich auf den Bau von Tankern und Luxusjachten zu spezialisieren.

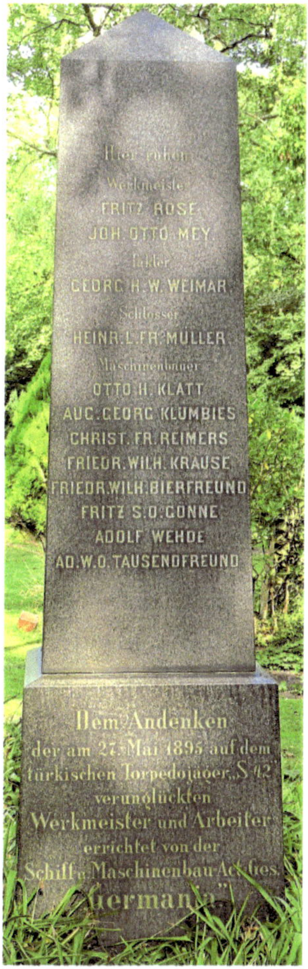

Dass der Bau von Kriegsschiffen mit großen Gefahren verbunden sein konnte, beweist dieser Gedenkstein auf dem Kieler Südfriedhof.

Adresse: Werftarbeiter-Figur am Haus 4, Seefischmarkt, Wischhofstraße 1-3, 24148 Kiel.

1865 begann das Werftzeitalter in Kiel. Nacheinander entstanden die Howaldt-Werft, die Kaiserliche Werft und die Germania-Werft, die ihren Aufstieg vor allem der Kaiserlichen Marine verdankten, welche ihren Hauptstützpunkt im Reichskriegshafen Kiel hatte und den Bau unzähliger Kriegsschiffe und später U-Boote in Auftrag gab.

Auf dem Gelände des Seefischmarktes befinden sich neben der Fischereiwirtschaft auch ein Sportboothafen mit maritimem Ambiente direkt an der Mündung der Schwentine in die Förde und das Zentrum für maritime Technologie sowie das GEOMAR Helmholtz-Zentrum für Ozeanforschung. Etwas weiter flussaufwärts bietet die Schwentinetalfahrt Bootstouren auf dem Fluss, An der Holsatiamühle, 24149 Kiel. Auf dem großen Werftgelände am Ostufer der Kieler Förde befinden sich gegenwärtig die Betriebe der Thyssenkrupp Marine Systems und German Naval Yards, Werftstraße 110-114, 24143 Kiel. Anschauen kann man diese Betriebe lediglich von außen, am besten vom Westufer oder von einem Fördedampfer aus.

1914: GEDENKSTEIN FÜR DIE GETÖTETEN SOLDATEN IN KIEL – ERSTER WELTKRIEG

Inmitten von etwa 3.000 Soldatengräbern steht auf einem dreistufigen Podest das altarähnliche Denkmal für die über 30.000 getöteten Soldaten der kaiserlichen Marine im Ersten Weltkrieg. Auf dem Stein liegt ein Anker mit Kette. Die Aufschrift auf der Frontseite des Steinblocks unter einem Eisernen Kreuz und den Jahreszahlen 1914 und 1918 lautet: „Wir Toten fordern als unser Recht die alte Treue vom neuen Geschlecht." Auf der Rückseite steht: „Im Weltkriege starben den Heldentod 1569 Offiziere und Beamte, 718 Deckoffiziere, 7349 Unteroffiziere, 25197 Mannschaften der Kaiserlichen Marine." In diesen Zeilen kommen nicht Trauer und Erschütterung über die vielen Toten zum Ausdruck, sondern eher der Gedanke an

Rache; an der Rechtmäßigkeit des Krieges wird nicht gezweifelt. Ein Aufruf zum Frieden und gegen den Krieg gibt es hier wie auf den meisten ähnlichen Denkmälern nicht.

Im August 1914 zogen noch viele Männer mit lauten Hurra-Rufen begeistert in den Krieg. Die meisten erwarteten, dass die Militäraktion bis Weihnachten 1914 siegreich beendet wäre. Doch an der Westfront wurden sie brutal mit einem grausamen industrialisierten Krieg konfrontiert. Von der patriotischen Stimmung der Deutschen bei Kriegsbeginn war schon im Herbst nicht mehr viel zu spüren. Auch viele junge Männer aus Schleswig-Holstein wurden zum Kriegsdienst einberufen, auch etwa 30.000 dänisch Gesinnte aus Nordschleswig wurden zur Kriegsteilnahme für Deutschland gezwungen.

Der Erste Weltkrieg entwickelte sich zu einem ersten totalen Krieg, der die ganze Bevölkerung betraf, auf den Schlachtfeldern wie an der so genannten Heimatfront. Auch die vielen Kriegsbeschädigten nach den ersten Schlachten konfrontierten die Zivilbevölkerung in der Heimat mit dem erbarmungslosen Krieg. Die wenigsten Deutschen ahnten, dass der Krieg mehr als vier Jahre dauern und sich zu einem Erschöpfungskrieg ausweiten würde. Die Versorgungsproduktion für die deutsche Zivilbevölkerung war auf einen so langen Krieg in keiner Weise vorbereitet. Dadurch schwand auch die Bereitschaft der Bevölkerung, für den so genannten vaterländischen Krieg Opfer zu bringen. Da England schon seit August 1914 durch ein Embargo und eine Seeblockade die Exporte nach Deutschland verhinderte, erhielt das Land, das vor dem Krieg ein Drittel seiner Agrarwaren eingeführt hatte, keinen lebenswichtigen Nachschub von außerhalb mehr. Im Ausland hoffte man, durch den Hunger die Zivilbevölkerung zum Widerstand gegen ihre eigene Regierung bringen zu können.

Wie im ganzen Deutschen Reich stiegen auch in Schleswig-Holstein die Lebensmit-

Gedenkstein für die getöteten Soldaten

telpreise ins Unermessliche. Es kam zu Panikkäufen und zur Rationierung von Versorgungsgütern durch Lebensmittelkarten. Außerdem nutzten Wucherer unter den Großhändlern und Produzenten die Zwangslage aus, indem sie Lebensmittel absichtlich zurückhielten und damit die Preise hochtrieben. In größeren Städten wie Kiel wurden „Kriegsküchen" eingerichtet, die ein preiswertes Mittagessen anboten. 1916 kam es zu ersten Hungerkrawallen. Auch wenn die Polizei mit aller Macht versuchte, Übergriffe zu unterbinden, plünderten doch Tausende von Arbeitern die Läden. Im Frühjahr 1917 verschärfte sich die Situation durch massive Ernteausfälle, und eine ungeheure Hungersnot brach aus. Das einzige Gemüse, das in großen Mengen verfügbar war, die Steckrübe, wurde zum wichtigsten Nahrungsmittel, aus dem man Steckrübensuppe, Steckrübenbrot, Steckrübenmarmelade und anderes machte. Nach diesem so genannten „Steckrübenwinter" erhob sich im März 1917 tausendfacher Protest unter den Werftarbeitern in Kiel. Die folgenden Massenstreikaktionen gipfelten im November 1918 im Kieler Matrosenaufstand. Der Befehl der obersten Marineführung Ende Oktober 1918, zu einem letzten Kampf gegen die englische Flotte auszulaufen, gab den Ausschlag für den Aufstand der Matrosen in Wilhelmshaven und Kiel, der sich rasant im ganzen Deutschen Reich ausbreitete und schließlich zur Revolution und zum Kriegsende führte.

Der Erste Weltkrieg kostete fast zehn Millionen Menschen das Leben, davon über zwei Millionen in Deutschland. Insgesamt fielen im Ersten Weltkrieg etwa 58.000 Schleswig-Holsteiner. Hinzu kamen Tausende, die an Unterernährung starben.

Adresse: Gedenkstein für die getöteten Soldaten, Nordfriedhof, zwischen den Feldern III und IV, Westring 481, 24118 Kiel.

Der Erste Weltkrieg traf auch die nördliche Provinz des Reiches in schwerster Weise und kostete unzähligen Schleswig-Holsteinern das Leben. Eine nie gekannte Hungersnot breitete sich aufgrund der Lebensmittelknappheit aus, die die anfängliche Kriegsbegeisterung rasch ernüchterte.

Der 1878 angelegte Nordfriedhof ist mit sechzehn Hektar die größte Begräbnisstätte der Stadt Kiel. Der im Westteil des Friedhofs angegliederte Kiel War Cemetery ist eine Kriegsgräberstätte der Commonwealth War Graves Commission. Auf der gegenüberliegenden Seite des Westrings und der Bundesstraße 76 liegen das Sportzentrum und der Botanische Garten der Christian-Albrechts- Universität, den man ebenfalls vom Eingang Richtung Westring erreichen kann, Am Botanischen Garten 1–9, 24118 Kiel.

1918: PORTAL DER MARINESTATION IN KIEL – KIELER MATROSENAUFSTAND UND NOVEMBERREVOLUTION

Das Sandsteinportal gehörte zum Gebäude der Marinestation Ostsee in der Lornsenstraße, die seit 1865 als oberste Kommandobehörde für die Marine im Ostseeraum zuständig war. Das denkmalgeschützte Backsteingebäude aus den Jahren 1891–93 beherbergt gegenwärtig die Finanzverwaltung des Landes Schleswig-Holstein. Leiter der Marinestation war seit dem 30. Oktober 1918 Vizeadmiral Wilhelm Souchon, der als Gouverneur von Kiel auch der zivilen Verwaltung übergeordnet und somit der mächtigste Mann der Stadt war.

Die schlechte Versorgungslage ab 1916 sorgte wie in der hungernden Zivilbevölkerung auch unter den Matrosen für Unruhe und Kriegsmüdigkeit, so dass es schon 1917 zu ersten Meutereien kam. Als die Admiralität im Oktober 1918 trotz der sich abzeichnenden Niederlage im Ersten Weltkrieg einen letzten Angriff auf die englische Flotte anordnete, meuterten die Matrosen der Hochseeflotte in Wilhelmshaven gegen dieses sinnlose Kommando. Das III. Marinegeschwader wurde daraufhin am 1. November 1918 in den Heimathafen Kiel verlegt, wo die Rädelsführer zur Rechenschaft gezogen werden sollten.

Am 3. November zog ein Demonstrationszug von etwa 6.000 Matrosen und Arbeitern mit der Parole „Für Freiheit, Frieden und Brot" zur Marinearrestanstalt in der Karlstraße, um gegen die Inhaftierung der Kameraden zu protestieren. An der Ecke Langer Segen/Karlstraße stellten sich kaisertreue Soldaten den Demonstranten in den Weg, schossen in die Menge und töteten sieben Menschen. Mit den aufständischen Matrosen erklärten sich nun die Arbeiter der Germaniawerft und der Torpe-

Portal der ehemaligen Marinestation Ostsee

dowerkstatt Friedrichsort solidarisch. Souchon, der zunächst das Ausmaß und die Brisanz der Unruhen unterschätzt hatte, bat beim Reichsmarineamt in Berlin um einen sozialdemokratischen Abgeordneten, der die Aufständischen zur Ruhe bringen sollte.

Gedenkrelief

Am 4. November empfing Souchon in der Marinestation meuternde Soldaten gemeinsam mit Arbeitervertretern und stimmte schließlich der Freilassung von sechzehn Gefangenen zu. In einer weiteren Sitzung am selben Abend forderten die Soldaten und Arbeiter vergeblich die Freilassung der restlichen Gefangenen und die Abschaffung der Monarchie. Daraufhin wurde der erste Arbeiter- und Soldatenrat nach dem Vorbild der russischen Oktoberrevolution gebildet, der am 5. November einen Generalstreik ausrief. Aus der Meuterei der Matrosen hatte sich eine große politische Bewegung entwickelt. Am selben Tag wählte der Soldatenrat den SPD-Abgeordneten Gustav Noske, den das Reichsmarineamt entsprechend der Bitte Souchons nach Kiel entsandt hatte, zum Vorsitzenden.

Am 7. November wurde Souchon vom Soldatenrat abgesetzt und Noske zu seinem Nachfolger als Gouverneur erklärt. Dieser verbot das Tragen von Waffen außer Dienst, versprach eine ausreichende Verpflegung und schaffte es, wieder für Ruhe und Ordnung zu sorgen und die Situation zu befrieden.

Am 9. November 1918 rief der Sozialdemokrat Philipp Scheidemann in Berlin die Republik aus. Kaiser Wilhelm II. dankte am Tag darauf ab und ging ins niederländische Exil. Das Kaiserreich war zusammengebrochen. Deutschland erklärte die Kapitulation. Mit dem Waffenstillstand endete der Erste Weltkrieg.

An das blutige Geschehen in der Karlstraße mahnen ein Gedenkrelief und eine Gedenktafel mit der Inschrift: „Am 3. November 1918 demonstrierten Matrosen und Arbeiter in Kiel gegen den Krieg, für Freiheit und Frieden und Brot. Gegen 19.00 Uhr erreichten sie diese Straßenecke. Eine Kompanie kaisertreuer Soldaten schoß in die Menge. Zurück blieben 7 Tote und 29 Verletzte. Die AWO erinnert an diese Menschen und daran, daß Demokratie, soziale Gerechtigkeit und Frieden ständige Aufgaben sind." Im Ratsdienergarten am Kleinen Kiel ruft seit 1982 eine Skulptur mit dem Titel „Feuer aus den Kesseln" des Hannoveraner Bildhauers Hans-Jürgen Breuste den Kieler Matrosenaufstand ins Gedächtnis. Granitsäulen „durchbohren" Stahlkörper, die aufstrebende Macht zerstört alte Machtstrukturen. Seit 2011 heißt der Kieler Bahnhofsvorplatz „Platz der Kieler Matrosen", die zu Recht als Wegbereiter der deutschen Demokratie betrachtet werden können.

Adresse: Portal der ehemaligen Marinestation Ostsee, Adolfstraße 14-28, 24105 Kiel.

Der Kieler Matrosenaufstand war zunächst nur eine Reaktion auf die mangelhafte Versorgung und ein Protest gegen eine aussichtlose militärische Mission, führte aber letztlich zur Revolution und zum Ende des Ersten Weltkriegs.

An der parallel zur Adolfstraße verlaufenden Feldstraße/Ecke Langer Segen ist ein Relief zum Gedenken an den Matrosenaufstand angebracht, Feldstraße 5, 24105 Kiel. Um auf den Spuren des Aufstands zu bleiben, ist es auch zum Kunstwerk „Feuer aus den Kesseln" am Kleinen Kiel nicht mehr weit, Ratsdienergarten, 24103 Kiel.

1920: GEDENKSTEIN IN SØNDERBORG – VOLKSABSTIMMUNG IN SCHLESWIG

Der Wiedervereinigungstag (Genforeningsdag) am 15. Juni 1920 bildete den Schlusspunkt der jahrzehntelangen Auseinandersetzung zwischen dänischen und schleswig-holsteinischen Parteien und verwirklichte den Wunsch der dänischen Bevölkerung Nordschleswigs nach Anbindung an Dänemark. Das Ergebnis der Volksabstimmung vom Frühjahr 1920 wurde realisiert. Der Gedenkstein vor Schloss Sønderborg erinnert an diesen Tag.

Nach dem Deutschen Krieg von 1866 lag die nördliche Grenze zu Dänemark an der Königsau. Diese Grenzziehung wurde von Dänemark zunächst nicht anerkannt. Der Artikel 5 des Prager Friedensvertrages 1866 sah eine Abstimmung der Nordschleswiger über ihre Zugehörigkeit vor. Da es von dänischer Seite aber keine Garantien für die deutschsprachige Minderheit gab, wurde die Abstimmungsfrage zunächst vertagt, bis der Artikel 5 1878 gestrichen wurde. Gleichwohl wurde die Forderung der dänisch gesinnten Bevölkerung Nordschleswigs nach einem Anschluss an Dänemark weiterhin erhoben. Erst nach der deutschen Niederlage im Ersten Weltkrieg wurde im Versailler Vertrag vom 28. Juni 1919 eine Volksabstimmung in Schleswig über die zukünftige Staatszugehörigkeit verfügt.

Die Abstimmungszonen und -bedingungen sollten von Dänemark definiert wer-

Gedenkstein Genforeningsdag vor dem Schloss Sønderborg

den. Der dänische Historiker Hans Victor Clausen hatte bereits 1891 zwei Abstimmungszonen vorgeschlagen. Nach dieser Clausen-Linie, die südlich von Tønder und nördlich von Flensburg verlief, wurde eine nördliche Zone I festgelegt mit einer zu erwartenden dänischen Mehrheit, in der en bloc abgestimmt werden sollte, und eine südliche Zone II mit erwartbarer deutscher Mehrheit, in der die Abstimmung gemeindeweise erfolgen sollte.

Bei der Volksabstimmung in der dänisch dominierten nördlichen Zone, der Zone I mit den damaligen Landkreisen Haderslev, Åbenrå, Sønderborg, Tønder und Flensborg, am 10. Februar 1920 stimmten von 112.515 Stimmberechtigten 25.329 (24,98 %) für Deutschland und 75.431 (74,39 %) für Dänemark. Die Entscheidung fiel letztlich in der Landbevölkerung, denn die Städter hatten mehrheitlich für den Verbleib im Deutschen Reich votiert. Am 14. März wurde die Volksabstimmung in Mittelschleswig, dem heutigen nördlichen Südschleswig, der Zone II mit der Stadt Flensburg, Niebüll, Föhr, Amrum und Sylt, durchgeführt. Hier plädierten von 70.286 Stimmberechtigten 51.742

Düppeler Schanzen

(80,2 %) für Deutschland und 12.800 (19,8 %) für Dänemark.

Entsprechend der Abstimmung legte man die neue deutsch-dänische Grenze am 26. Mai 1920 fest. Am 15. Juni 1920 wurde die Abtretung Nordschleswigs an Dänemark vollzogen. Diesen Tag bezeichnet man in Dänemark als Wiedervereinigungstag (Genforeningsdag). Die Südgrenze der Zone I bildete fortan die neue Grenze zwischen Deutschland und Dänemark. Ein neues Kapitel der schleswig-holsteinisch-dänischen Geschichte wurde aufgeschlagen. Auf beiden Seiten der neuen Grenze lebten Minderheiten der jeweils anderen Sprache. Beide Bevölkerungsgruppen waren letztlich mit der Grenzregelung unzufrieden. Aber die vielen Versuche der Aussöhnung, zum Beispiel mit der Nordisch-Deutschen Woche 1929 in Kiel, deren Ziel es war, über Kunst und Wissenschaft einen Ausgleich der Spannungen und eine Versöhnung zu erreichen, führten schließlich zum Erfolg und zu einem friedlichen Miteinander in der Grenzregion.

Adresse: Gedenkstein Genforeningsdag, Sønderbro 1, 6400 Sønderborg, Dänemark.

In der Volksabstimmung im Februar/März 1920 stimmten die Menschen im Landesteil Schleswig über ihre Zugehörigkeit ab. Entsprechend den Ergebnissen wurde die seitdem gültige Grenze zwischen Deutschland und Dänemark festgelegt.

Im Schloss Sønderborg, vor dem der Gedenkstein liegt, werden 800 Jahre der Geschichte Sønderjyllands/Schleswigs dargestellt. Auch die hübsche Innenstadt Sønderborgs lohnt einen Besuch. Vor den Toren der Stadt befindet sich außerdem am Ort der großen Schlacht vom 18. April 1864 das Museum Düppeler Schanzen, Dybbøl Banke 7, 6400 Sønderborg. Von der Stadt aus führt ein etwa 74 Kilometer langer Wanderweg, der Gendarmenstien (Gendarmenpfad), entlang der Flensburger Förde bis nach Padborg.

1933: DER GEHENKTE IN SCHLESWIG – JUSTIZVERBRECHEN IM NATIONALSOZIALISMUS

Die Bronzefigur „Der Gehenkte" von Waldemar Otto aus dem Jahr 1993, die sechzig Jahre nach der so genannten Machtergreifung vor dem Haupteingang des Oberlandesgerichts in Schleswig aufgestellt wurde, stellt einen nackten und misshandelten Hingerichteten an einem imaginären Strick dar. Sie mahnt an die Justizverbrechen, die im Namen des nationalsozialistischen Regimes zwischen 1933 und 1945 geschahen.

Wie sehr die Nationalsozialisten geltendes Recht pervertierten, bewies schon das organisierte Verbrechen an den jüdischen Mitbürgern in der Reichspogromnacht 1938, das ungesühnt blieb. Die Justiz versagte ebenso angesichts der Ermordung zehntausender behinderter Menschen. Die Verstrickung von Justiz, Polizei und Verwaltung in die nationalsozialistische Gewaltherrschaft war erschreckend.

Mit eigenen Augen hätten die Schleswig-Holsteiner vorhersehen können, was die nationalsozialistische Machtübernahme bedeutete: Brutal vorgehende SA-Männer verfolgten Sozialisten und Kommunisten, bald auch andere Oppositionelle. Trotzdem war nirgendwo in Deutschland die Mitgliederdichte der NSDAP im Jahre 1935 so hoch wie in Schleswig-Holstein: Auf je 18 Einwohner kam ein nationalsozialistisches Parteimitglied. Diese Tendenz machte auch vor der Landesuniversität in Kiel nicht Halt: Unter den 300 Professoren, die vor den Reichstagswahlen im März 1933 für die Nationalsozialisten votierten, stammten 40 aus Kiel.

Gleich nach Hitlers Machtübernahme wurde die bis dahin unabhängige Justiz der Weimarer Republik im nationalsozialistischen Sinn umstrukturiert. Auch in Schleswig-Holstein wurden jüdische und alle oppositionellen Richter und Justizbeamten entfernt. Es wurden der Volksgerichtshof sowie Sondergerichte vor allem zum Zweck der strafrechtlichen Verfolgung der Opposition eingerichtet, die allein in Schleswig-Holstein jährlich an die hundert Prozesse verhandelten und harte Strafen verhängten.

Schon bei Bagatell-Delikten ordneten die Nazirichter auch in Schleswig-Holstein drastische Urteile an, und schnell war ein Todesurteil gesprochen. Die Schwarzschlachtung galt als schweres Verbrechen, für das in Kiel jemand sogar zum Tode verurteilt wurde. Wer Feindsender hörte, hatte mit hohen Zuchthausstrafen zu rechnen. An der Überwachung, dem Terror und der Verfolgung im NS-Staat waren also auch die regulären Säulen staatlicher Herrschaft, nämlich Polizei, Verwaltung und Justiz, beteiligt.

Die „Heimtückeverordnung" vom 21. März 1933 lieferte die formalrechtliche Grundlage, gegen abweichendes Verhalten und

Kritik an der NS-Regierung vorzugehen. Damit standen dem Terrorstaat Tür und Tor für brutale Strafen offen. Mit Hilfe des „Gesetzes zur Wiederherstellung des Berufsbeamtentums" konnten unerwünschte Personen aus dem öffentlichen Dienst entfernt werden. Das geschah zum Beispiel dem Lübecker Gustav Radbruch, Reichsjustizminister in der Weimarer Republik und einem der einflussreichsten Rechtsphilosophen des 20. Jahrhunderts, der unmittelbar nach 1933 als erster deutscher Professor aus dem Lehramt entlassen wurde.

Von der „Gleichschaltung" der Universitäten war auch die Kieler Hochschule betroffen. Missliebige Professoren wurden entlassen und durch Wissenschaftler ersetzt, die linientreu waren. Die ideologische Schulung der Studenten in der juristischen Fakultät der Christian-Albrechts-Universität galt als vorbildlich. Besonderen Einfluss übte hier die so genannte „Kieler Schule" aus. Das Ziel dieser Gruppe nationalsozialistischer Juristen bestand darin, eine vollkommen neue Rechtswissenschaft im nationalsozialistischen Sinne zu begründen. Im „Kitzeberger Lager" an der Kieler Bucht trafen sich nationalsozialistische Juristen, um über die völkische Rechtserneuerung zu beraten.

Nach dem Krieg etablierte sich in Schleswig-Holstein erschreckend schnell ein neues altes nationalsozialistisches Netzwerk, das auch Teile der Landespolizei und der Justiz umfasste. Zwar wurden bis 1964 über 830 Verfahren gegen mehr als 1.900 NS-Verbrecher eingeleitet, aber die meisten davon wurden bald wieder eingestellt. Ein erschütterndes Beispiel bot Professor Werner Heyde, der trotz seiner zentralen Rolle als Obergutachter und Leiter der Euthanasieaktion mit der Ermordung Geisteskranker unter dem Falschnamen Dr. Fritz Sawade von 1950 bis 1959 als Gerichtsgutachter in Schleswig-Holstein tätig war.

Der Gehenkte von Waldemar Otto in Schleswig

Adresse: Der Gehenkte, Oberlandesgericht, Gottorfstraße 2, 24837 Schleswig.

Auch in Schleswig-Holstein gelang es den Nationalsozialisten nach 1933 rasch, neben anderen Bereichen wie der Universität auch die Justiz „gleichzuschalten". Binnen kürzester Zeit fand Rechtsprechung nur noch im nationalsozialistischen Sinne statt. Schleswig-holsteinische Juristen stellten sich in den Dienst des Regimes und verhängten drastische Urteile vor allem gegen alle oppositionellen Bestrebungen.

Das Oberlandesgericht befindet sich in der Nähe des Schlosses Gottorf mit seinen Landesmuseen, Schloßinsel 1, 24837 Schleswig. Auch die Innenstadt Schleswigs mit dem Dom und der Fischersiedlung Holm ist nicht weit entfernt, Süderholmstraße 28, 24837 Schleswig.

1942: GLOCKEN DER MARIENKIRCHE ZU LÜBECK – ZWEITER WELTKRIEG

Die ehemalige Schinkel-Kapelle im Südturm der Lübecker Marienkirche mit den zwei zerborstenen Bronzeglocken, der ältesten Glocke von 1508, der Sonntagsglocke, und der Pulsglocke von 1668, ist als Mahnmal gegen den Krieg gedacht.

Am 29. März 1942, der Nacht zum Palmsonntag, näherten sich britische Bomber der Stadt Lübeck, auf deren Altstadt sie innerhalb von drei Stunden 25.000 Brandbomben abwarfen. Zum ersten Mal war eine Großstadt ohne besondere strategische Bedeutung Ziel des Angriffs. Bei Morgengrauen lag die Lübecker Altstadt in Trümmern. Vom Dom bis zur Marienkirche klaffte ein dreihundert Meter breiter Streifen der Verwüstung. Etwa 1.500 Gebäude waren völlig zerstört, mehr als dreihundert Menschen hatten ihr Leben verloren, achthundert waren verletzt. Zerstört war der Dom, vom Buddenbrookhaus stand nur noch die Fassade. Die Doppeltürme der Marienkirche brannten vollständig aus, ihre Glocken stürzten in die Tiefe. Durch den starken Luftzug sollen sie zuvor noch einmal geläutet haben. Nur eine Glocke hatte den Krieg unbeschadet überstanden. Acht der ehemals elf Glocken waren bei

Glocken der Marienkirche zu Lübeck

der Temperatur von eintausend Grad im Turm geschmolzen.

Auch die Stadt Kiel, der zentrale Ort der maritimen Rüstungsindustrie, vor allem des U-Boot-Baus, zählte zu den am schwersten zerbombten deutschen Städten. Der fünfstündige englische Luftangriff auf Kiel in der Nacht vom 7. April 1941 war der bis dahin schwerste auf eine deutsche Großstadt. Die folgenreichsten Angriffe aus der Luft folgten im Dezember 1943 und August 1944. Bei Kriegsende waren etwa 80 Prozent der Stadt zerstört oder stark beschädigt.

Nach den Selbstmorden von Hitler und Goebbels am 30. April und 1. Mai 1945 bildete Großadmiral Karl Dönitz, den Hitler zu seinem Nachfolger als Reichspräsident ernannt hatte, eine Reichsregierung, die seit dem 2. Mai in Flensburg residierte. So verlagerte sich der Endkampf in den Norden, und die alliierten Streitkräfte, die von einer erbitterten Verteidigung Schleswig-Holsteins ausgingen, flogen noch einmal heftige Luftangriffe. Daraufhin ergaben sich Lübeck, Oldesloe und andere Städte am 2. Mai kampflos, Kiel erklärte sich am 3. Mai zur „offenen Stadt", Flensburg am 4. Mai. An anderen Or-

Blick vom Turm der Petrikirche auf den Lübecker Dom

ten hielten die Nazis länger durch, und es kam zu einzelnen militärischen Gefechten mit britischen Soldaten. Nach einer Teilkapitulation der deutschen Wehrmacht in Nordwestdeutschland, Holland und Dänemark am 5. Mai unterzeichnete Generaloberst Alfred Jodl am 7. Mai im französischen Reims die bedingungslose Gesamtkapitulation. Am 8. Mai 1945 war der Zweite Weltkrieg in Europa beendet. Er hinterließ ein weitgehend zerstörtes Land und unermesslich viele Todesopfer.

Adresse: Glocken der Marienkirche, Marienkirche, Marienkirchhof 1, 23552 Lübeck.

Die Glocken mahnen an die Zerstörung der Marienkirche und weiter Teile der Altstadt Lübecks im Zweiten Weltkrieg. Als der Krieg am 8. Mai 1945 endete, hinterließ er auch in Schleswig-Holstein zum Teil völlig zerstörte Städte und hatte zu unendlich vielen Todesopfern geführt.

Die nach 1945 wiederaufgebaute Marienkirche ist ein besonders schönes Beispiel für die norddeutsche Backsteingotik. Zur Besichtigung laden auch das benachbarte alte Rathaus, eines der größten mittelalterlichen Rathäuser Deutschlands, das den Krieg relativ unbeschadet überstanden hatte, und das wiederaufgebaute Buddenbrookhaus mit der Ausstellung über die Schriftstellerfamilie Mann ein, Mengstraße 4, 23552 Lübeck. Jenseits des Marktes kann man sich auf dem über einhundert Meter hohen Turm der im Krieg ebenfalls stark beschädigten, erst 1987 vollständig restaurierten Petrikirche, einer fünfschiffigen Hallenkirche, einen fantastischen Überblick über die gesamte Altstadt verschaffen, Petrikirchhof, 23552 Lübeck.

65 1943: ZWANGSARBEITER-DENKMAL IN SCHLESWIG – ZWANGSARBEITER

Schüler der Dannewerk-Schule in Schleswig schufen 2007 aus Bronze dieses Mahnmal für Kriegsgefangene und Zwangsarbeiter. Die Kugeln auf dem Boden verweisen auf die verschiedenen Herkunftsgebiete der Zwangsarbeiter. Die Kugel in den Händen des trauernden Mädchens repräsentiert alle diejenigen, deren Herkunft im Dunkeln bleibt.

Mit Ausbruch des Zweiten Weltkriegs wurden die meisten arbeitsfähigen Männer in die Wehrmacht eingezogen. In der Industrie klaffte schnell eine erhebliche Lücke an Arbeitskräften. Das traf vor allem die Rüstungsindustrie, die schon lange vor dem Krieg wieder auf Hochtouren lief, nach Kriegsausbruch aber den steigenden Bedarf an Rüstungsgütern kaum decken konnte. Das nationalsozialistische Regime ersann schnell eine Lösung des Problems. Dieser Arbeitskräftemangel sollte durch Millionen von Zwangsarbeitern und Zwangsarbeiterinnen aus den besetzten Gebieten ausgeglichen werden. Die meisten dieser „Fremdarbeiter", wie sie im Volksmund verharmlosend hießen, wurden gegen den eigenen Willen in verschiedenen Industriebetrieben zur Arbeit gezwungen und in das nationalsozialistische Zwangssystem integriert. Im Verlauf des Krieges wurden auch Kriegsgefangene herangezogen. In Deutschland beschäftigten die Betriebe über sieben Millionen Zwangsarbeiter, in Schleswig-Holstein etwa 130.000.

Die Wirtschaftsbetriebe nahmen die fast kostenlosen Arbeitskräfte gerne. Die meisten Zwangsarbeiter waren in der Landwirtschaft eingesetzt, gefolgt von der Industrie, vor allem Maschinen- und Fahrzeugbau, Eisen- und Stahlverarbeitung, Baugewerbe und Chemische Industrie. In der Rüstungsindustrie vermied man anfangs aus Angst vor Sabotage die Beschäftigung von Zwangsarbeitern. Aber auch in der schleswig-holsteinischen Rüstungsindustrie und deren Zulieferfirmen waren schließlich Zwangsarbeiter, Kriegsgefangene und KZ-Häftlinge aus verschiedensten Ländern eingesetzt. Aus Tschechien, Polen und Dänemark kamen die ersten Zwangsarbeiter, als nächstes holte man die so genannten „Westarbeiter" aus Holland, Belgien und Frankreich und ab 1942 in unglaublichen Zahlen die „Ostarbeiter" aus Russland.

In der Kieler Germaniawerft zum Beispiel wurden mehr als eintausend „Fremdarbeiter" zur Arbeit gezwungen. Solche größeren Rüstungsbetriebe hatten zum Teil eigene Lager eingerichtet. Ansonsten waren die Arbeiter in etwa 110 Lagern für Zwangsarbeiter, Kriegsgefangene und Häftlinge in und um Kiel untergebracht, darunter in einem Außenlager des Konzentrationslagers Neuengamme und im Arbeitserziehungslager Nordmark. Die

Zwangsarbeiterdenkmal

Zwangsarbeiter, besonders die „Ostarbeiter", hatten angesichts einer wöchentlichen Arbeitszeit zwischen 50 und 60 Stunden unter extremen Arbeitsbedingungen zu leiden. Die Situation in den in der Regel überfüllten Lagern war katastrophal, das galt vor allem für die hygienischen Bedingungen, die fehlende Heizung im Winter und die miserable Ernährungslage. Bei Zuwiderhandlungen gegen die Arbeitsdisziplin wurden die Zwangsarbeiter in Konzentrationslager oder in das Arbeitserziehungslager Nordmark überwiesen oder sogar öffentlich hingerichtet.

Im Arbeitserziehungslager Nordmark an der Rendsburger Landstraße in Russee, das von Juni 1944 bis zum 4. Mai 1945 bestand, treib man die Häftlinge bis zur totalen Erschöpfung zur Arbeit. Kommandant des Lagers war SS-Sturmbannführer Johannes Post, der unglaubliche Verbrechen an diesem Ort geschehen ließ und nach Kriegsende von dem britischen Militärgericht zum Tode verurteilt und hingerichtet wurde. Das Lager bestand aus zwanzig Baracken, einer Kranken- und einer Arrestbaracke mit 48 fensterlosen Einzelzellen sowie zwei Wachtürmen. Da sie täglich Häftlinge durch die Stadt ziehen und auch ihren Zustand sahen, musste den meisten Kielern die Existenz dieses Lagers bewusst sein. Die vorrangig russischen oder polnischen Häftlinge waren für sehr harte Arbeiten vorgesehen, wie die Trümmerbeseitigung in der Stadt, den Bau von Bunkern und Zwangsarbeiten in der Rüstungsindustrie und bei örtlichen Unternehmen. Unvorstellbare Gräueltaten wurden in diesem KZ-ähnlichen Arbeitslager an den ungefähr 5.000 Gefangenen begangen, die bis zum Zusammenbruch zur Arbeit geprügelt, misshandelt und auch ermordet wurden. 600 Menschen fanden hier den Tod. 2003 wurden an der Stelle, an der sich das Lager befand, ein Gedenkstein und Informationstafeln aufgestellt.

Adresse: Zwangsarbeiter-Denkmal, Bellmannstraße, 24837 Schleswig.

Während des Zweiten Weltkrieges waren in Schleswig-Holstein etwa 130.000 Zwangsarbeiter eingesetzt, die unter katastrophalen Arbeits- und Lebensbedingungen in Lagern gefangen gehalten wurden.

Die Stadt Schleswig bietet dem Besucher viel schleswig-holsteinische Geschichte mit dem Landesmuseum Schloss Gottorf, dem Dom und vielen weiteren Sehenswürdigkeiten wie der Fischerhalbinsel Holm, Süderholmstraße 28, 24837 Schleswig.
Wenn man den Spuren der Zwangsarbeit weiter folgen möchte, könnte ein Besuch der Gedenkstätte des Arbeitserziehungslagers Nordmark aufschlussreich sein, Rendsburger Landstraße/Am Russee, 24113 Kiel-Russee.

66 1944: MAHNMAL BEIM KZ LADELUND – KONZENTRATIONSLAGER

Anlässlich des 60-jährigen Bestehens der Gedenkstätte Ladelund schuf der Bildhauer Ansgar Nierhoff 2010 eine monumentale Stele aus Schmiedeeisen, die an das Schicksal der KZ-Häftlinge gemahnt, direkt neben dem Panzergraben, den die Zwangsarbeiter ausheben mussten.
Was schon 1933 mit ersten brutalen Übergriffen durch die Nazis begann und in der Pogromnacht 1938 seine grausige Fortsetzung fand, erreichte seinen unmenschlichen Höhepunkt in der Deportation und Ermordung der jüdischen Menschen in Schleswig-Holstein und in der Errichtung von Arbeits- und Konzentrationslagern im Land. Zunächst wurden die aus politischen oder rassistischen Gründen verhafteten Menschen in Konzentrationslager außerhalb Schleswig-Holsteins deportiert.
Während des Zweiten Weltkriegs wurden neben den Zwangsarbeitern auch zunehmend KZ-Häftlinge im Arbeitserziehungslager Nordmark in Kiel-Russee untergebracht. Ab 1944 entstanden im gesamten schleswig-holsteinischen Raum 87 Außenlager des 1938 bei Hamburg errichteten Konzentrationslagers Neuengamme. Allein im KZ Kaltenkirchen und in den Lagern

Schwesing bei Husum und Ladelund bei Niebüll, die wegen ihrer grausamen Bedingungen als „Todeslager" galten, wurden innerhalb weniger Wochen weit über tausend Menschen getötet.

Das KZ Ladelund rückte an die Stelle eines hier seit 1938 gelegenen Barackenlagers für 200 bis 250 junge Männer aus dem Reichsarbeitsdienst, der parallel zur dänischen Grenze eine Betonstraße für den Panzertransport bauen sollte. Nun erhielt das Lager Stacheldraht und Wachtürme. Das KZ Ladelund unweit der deutsch-dänischen Grenze wurde zwischen dem 1. November 1944 und dem 16. Dezember 1944 als Außenlager des Konzentrationslagers Neuengamme betrieben. Die etwa zweitausend Häftlinge sollten den so genannten Friesenwall anlegen, einen Panzerabwehrgraben ausheben und Geschützstellungen einrichten, um die Invasion von alliierten Truppen aus dem Norden zu verhindern.

Das „Mal", Stele in der Außenanlage der Gedenkstätte

Die meisten Häftlinge waren politische Gefangene, Widerstandskämpfer oder Zwangsarbeiter aus ganz Europa, viele aus den Niederlanden. Die hygienischen Bedingungen in den unbeheizten Baracken des Lagers waren katastrophal und führten zur raschen Verbreitung von Krankheiten. Der sadistische und grausame Lagerkommandant SS-Untersturmbandführer Hans Hermann Griem quälte seine Gefangenen, ließ viele verhungern oder erschießen. Die Todesrate hier war so hoch, dass dieses Außenlager von Neuengamme bald zum „Todeslager" wurde. In der kurzen Zeit seines Bestehens kamen 300 Häftlinge aus zwölf Nationen in diesem Lager zu Tode, allein 110 aus dem niederländischen Ort Putten, aus dem sie verschleppt worden waren, als Vergeltungsmaßnahme für einen Anschlag von Widerstandskämpfern auf ein Wehrmachtsfahrzeug.

Am 16. Dezember 1944 erschien den Nazis der Friesenwall angesichts der veränderten Kriegslage bedeutungslos, so dass das Lager

Ladelund aufgelöst wurde. Die verbliebenen Häftlinge wurden nach Neuengamme zurücktransportiert. Im April 1945 wurden Tausende von Häftlingen aus aufgelösten Konzentrationshauptlagern in Todesmärschen in das noch unbesetzte Schleswig-Holstein getrieben, wo unzählige in Ausweichlagern noch kurz vor der Befreiung starben. Über 7.000 Insassen des Konzentrationslagers Neuengamme fanden am 3. Mai 1945 in der Neustädter Bucht den Tod, als die britische Luftwaffe irrtümlich zwei Schiffe mit Häftlingen versenkte.

Bereits 1950 wurde in Ladelund mit der Aufarbeitung der Geschichte begonnen. Die KZ-Gedenk- und Begegnungsstätte Ladelund ist damit die älteste KZ-Gedenkstätte in Schleswig-Holstein und eine der ältesten in Deutschland. Die Gräber am Rand des Dorffriedhofs, auf denen die Namen der Opfer genannt werden, sind der Grundstein der Gedenkstätte.

Adresse: Mahnmal bei der KZ-Gedenk- und Begegnungsstätte Ladelund, Raiffeisenstraße 3, 25926 Ladelund.

Das Konzentrationslager Ladelund sollte dem Ausbau des so genannten Friesenwalls dienen. In der kurzen Zeit seines Bestehens starben hier dreihundert Menschen. In Ladelund wie in den anderen schleswig-holsteinischen Außenlagern des KZ Neuengamme herrschten katastrophale Bedingungen, die den Lagern die Bezeichnung „Todeslager" einbrachten.

Eine ähnliche Gedenkstätte ist in Schwesing bei Husum eingerichtet, Engelsburg 10, 25813 Schwesing. In Padborg nordwestlich von Flensburg beginnt der Gendarmenstien (Gendarmenpfad), ein etwa 74 Kilometer langer wunderschöner Wanderweg, ehemals zur Überwachung der Grenze, entlang der deutsch-dänischen Grenze und der Flensburger Förde. Im etwa 20 Kilometer entfernten Nolde-Museum können Haus, Garten und Werke des expressionistischen, in der nationalsozialistischen Zeit als entartet eingestuften Künstlers Emil Nolde besichtigt werden, Seebüll 31, 25927 Neukirchen.

1944: OSKAR-KUSCH-GEDENKPLATTE – ERMORDUNG VON WIDERSTANDSKÄMPFERN

Die Gedenkplatte wurde in Altenholz-Knoop dort angebracht, wo sich der Schießstand befand, an dem der wegen regimekritischer Äußerungen zum Tode verurteilte, erst sechsundzwanzigjährige Oskar Heinz Kusch am 12. Mai 1944 hingerichtet wurde.

Aufgrund seiner Begeisterung für die Marine und seiner Erfahrungen in der bündischen Jugend trat Oskar Kusch 1937 als Seeoffiziersanwärter in die Kriegsmarine ein. Da Soldaten sich nicht politisch betätigen durften, musste er nicht der NSDAP beitreten, was Kusch sehr wichtig war. Nach seinen Einsätzen auf mehreren Schiffen wurde Oskar Kusch 1941 wegen seiner Leistungen zum Oberleutnant zur See befördert. Nach dem Kommandantenlehrgang erhielt er am 8. Februar 1943 das Kommando über das U-Boot U 154 mit 48 Besatzungsmitgliedern.

Am 20. März 1943 brach das U-Boot mit seinem neuen Kommandant Kusch zur Feindfahrt auf. Kurz vor der Ausreise gab Kusch den Befehl, das im Offiziersraum hängende Hitler-Bild abzunehmen. Dabei soll er gesagt haben: „Nehmt das mal weg da, wir betreiben hier keinen Götzendienst". Kusch offenbarte sich damit als Gegner des nationalsozialistischen Regimes und riskierte einen heftigen Konflikt mit den überzeugten Nationalsozialisten in seiner Mannschaft. Nach späteren Aussagen soll Kusch Hitler als „einen Verrückten, einen Verbrecher, das größte Unglück, das dem deutschen Volk beschert werden konnte, und einen wahnsinnigen Teppichbeißer" bezeichnet haben. Viele aus der Offiziersriege an Bord glaubten, Kusch habe den Plan, zu

Oskar-Kusch-Gedenkplatte in Altenholz-Knoop

desertieren und das Boot dem Feind auszuliefern.

Schließlich denunzierten Offiziere des U-Bootes ihren Kommandanten bei der Marineleitung, so dass am 16. Januar 1944 ein Ermittlungsverfahren gegen Kusch wegen Zersetzung der Wehrkraft, Beschimpfung des Führers und Gräuelpropaganda eingeleitet wurde. Der Angeklagte wurde in das Marine-Untersuchungsgefängnis in Kiel-Wik eingeliefert, wo am 26. Januar 1944 der Prozess eröffnet wurde. Am selben Abend wurde er zum Tode verurteilt. Eine Begnadigung wurde abgelehnt. Am 12. Mai 1944 wurde Oskar Kusch um 6.30 Uhr auf dem Richtplatz des Schießstandes in Kiel-Holtenau erschossen.

Erst 1996 wurde Oskar Kusch rehabilitiert. Die Straße, an der die Hinrichtungsstelle lag, wurde in Oskar-Kusch-Straße umbenannt. Die Gedenkplatte liegt an dieser Straße.

Immer wieder gab es den Widerstand einzelner gegen das NS-Regime: Der Eckernförder Fischer Heinrich Otto gehörte zu den wenigen, die ohne große Kontrolle aufs Meer hinausfahren durften. Er brachte vor seiner Verhaftung 1936 Schriften zum Widerstand nach Deutschland und beförderte viele politische Emigranten nach Dänemark. 1940 wurde er im Konzentrationslager Dachau ermordet.

Nur vereinzelt gab es Widerstand Geistlicher gegen das nationalsozialistische Regime. Der evangelische Pastor Karl Friedrich Stellbrink und die katholischen Kapläne Hermann Lange, Eduard Müller und Johannes Prassek aus Lübeck fanden trotz ihrer unterschiedlichen Konfessionen zu einer gemeinsamen Haltung, als sie für sich den unauflösbaren Widerspruch zwischen ihrem christlichen Glauben und der atheistischen und menschenverachtenden rassistischen Haltung der Nazis erkannten und sich zum Widerstand gegen die Diktatur entschlossen. Als Kernstück ihrer Aktivitäten verbreiteten sie die berühmten das NS-Regime anprangernden Predigten des Kardinals von Galen, die für die Nationalsozialisten „Hetzschriften" darstellten. Nach ihrer Denunziation und Verhaftung verurteilte sie der Volksgerichtshof in Berlin im Sommer 1943 wegen „Wehrkraftzersetzung, Heimtücke, Feindbegünstigung und Abhören von Feindsendern" zum Tode. Am 10. November 1943 wurden die vier Lübecker Geistlichen in Hamburg mit dem Fallbeil hingerichtet. Am 25. Juni 2011 wurden die Märtyrer seliggesprochen.

Die meisten Menschen, die gegen die nationalsozialistische Diktatur Widerstand leisteten, waren letztlich Einzelkämpfer wie Kusch und Otto oder in kleinen Gruppierungen wie die Lübecker Geistlichen aktiv. Sie begehrten auf gegen die menschenverachtende Politik der Nazis sowie gegen deren Kriegsverbrechen und den Mord an Juden und Andersdenkenden. Angesichts einer breiten Mehrheit, die sich nicht widersetzte oder angepasst verhielt, setzten sich die Widerstandskämpfer wissentlich großer Gefahr aus.

Adresse: Oskar-Kusch-Gedenkplatte, Oskar-Kusch-Straße, 24161 Altenholz-Knoop.

Der U-Boot-Kommandant Oskar Kusch wurde an dieser Stelle am 12. Mai 1944 wegen Wehrkraftzersetzung und Verunglimpfung des nationalsozialistischen Regimes hingerichtet.

Nur wenige Kilometer entfernt liegt der Tiessenkai in Kiel Holtenau mit dem historischen Leuchtturm. Auf den Spuren der Marine wandelt man im Maritimen Viertel in der Wik, Arkonastraße 1, 24106 Kiel, mit der ehemaligen Garnisonkirche, der Petruskirche, und dem früheren Marine-Untersuchungsgefängnis, in das auch Oskar Kusch eingeliefert worden war.

1945: RÖMISCHER JÜNGLING IN KIEL – GEDENKEN AN DIE OPFER DER NATIONALSOZIALISTISCHEN GEWALT

Die Bronzefigur „Römischer Jüngling" von Hermann Blumenthal (1905–1942), der im nationalsozialistischen Deutschland aufgrund seines jüdischen Glaubens verfolgt war, entstand 1936 in Rom. Der nackte junge Mann mit den gekreuzten Armen über dem Kopf zeigt eine ausdrucksstarke aufrechte Haltung. Statt Wehrhaftigkeit und Kraft wie nationalsozialistische Skulpturen symbolisiert dieser eher schutzlos wirkende Körper die innere Stärke eines wachen und sensiblen Menschen. 1955 erwarb die Universität die Plastik zum Gedenken an die Opfer der nationalsozialistischen Gewaltherrschaft. Auf dem Steinsockel steht die Inschrift: „FIDEI HUMANITATI VIRTUTI 1933–1945" (Der Tugend, der Menschlichkeit, der Stärke).

Am Ende der Katastrophe des Zweiten Weltkriegs, der so viele Millionen Menschen zum Opfer gefallen waren, war die Stadt Kiel vollkommen zerstört. Kiel zählte sogar zu den am stärksten zerbombten Städten Deutschlands, weil es Sitz der Kriegsmarine, Zugangstor zum Nord-Ostsee-Kanal und mit seinen Werften ein Zentrum der maritimen Rüstungsindustrie, vor allem des U-Boot-Baus war.

Schon der erste fünfstündige englische Luftangriff auf Kiel in der Nacht vom 7. April 1941, der bis dahin schwerste auf eine deutsche Großstadt überhaupt, hinterließ viele Tote und starke Beschädigungen. Den etwa neunzig weiteren Luftangriffen der Engländer und Amerikaner auf Kiel während des restlichen Zweiten Weltkriegs fielen fast 3.000 Menschen zum Opfer. Die heftigsten Angriffe aus der Luft erfolgten im Dezember 1943 und August 1944. Insgesamt wurde Kiel von mehr als 44.000 Sprengbomben und 500.000 Brandbomben getroffen. Bis heute werden bei Tiefbauarbeiten noch Blindgänger gefunden.

Nach Kriegsende mussten etwa achtzig Prozent der Stadt als zerstört oder stark beschädigt verzeichnet werden. Vor allem die Innenstadt und das Ostufer waren betroffen, wo nur vier Prozent der Bausubstanz unbeschädigt blieben. Der endgültige Verlust vieler öffentlicher und historischer Gebäude wog schwer. Wenn nicht viele Kieler evakuiert, vor allem Kinder im Rahmen der Kinderlandverschickung in Sicherheit gebracht worden wären, wäre die Zahl der Todesopfer noch höher gewesen. Nach dem schweren Luftangriff von 1941 waren sehr viele bombensichere Luftschutzbunker eingerichtet worden.

Bronzefigur „Römischer Jüngling"

Die letzten Kriegshandlungen geschahen am 4. Mai 1945. Am selben Tag wurde die Stadt kampflos an eine Abordnung der Britischen Armee übergeben. Die schwierige Instandsetzung der zerstörten Stadt begann, aber es dauerte Jahrzehnte, bis Kiel wieder vollständig aufgebaut war. Neue städtebauliche Ideen und neue Architektur prägten nun das Bild der Stadt. In der Holstenstraße wurde die erste deutsche Fußgängerzone eröffnet. Da das Hauptgebäude der Christian-Albrechts-Universität am Schlossgarten ebenfalls zerstört war, wurde der Standort der Universität an den Stadtrand auf das ehemalige Gelände des Elektroakustik-Unternehmens ELAC am Westring verlegt. Auf dem neuen Campus entstanden Gebäude in moderner Architektur: 1962 die Universitätsbibliothek, 1965 die Universitätskirche, 1969 das neue Auditorium Maximum.

Adresse: Römischer Jüngling, Christian-Albrechts-Universität, Otto-Hahn-Platz, 24118 Kiel.

Mit der Inschrift „Der Tugend, der Menschlichkeit, der Stärke" ist die Statue „Römischer Jüngling" ein Aufruf gegen die Gewaltherrschaft und den Krieg, der die Stadt Kiel besonders hart getroffen hatte. Nach dem Zweiten Weltkrieg stellte die Kieler Universität 1955 die Skulptur auf.

Vom Standort ist es nicht weit zum Zentrum der Universität mit Bauten, die als Zeugen der bahnbrechenden Architektur der 1960er Jahre gelten können, Christian-Albrechts-Platz 2. Nah ist auch der Botanische Garten der Universität mit seinen großen Gewächshäusern, Am Botanischen Garten 1-9, 24118 Kiel.

1946: LANDESFLAGGE – GRÜNDUNG DES BUNDESLANDES SCHLESWIG-HOLSTEIN

Die Flagge Schleswig-Holsteins erinnert unverkennbar an die französische Trikolore; sie verwendet die gleichen drei Farben blau-weiß-rot, allerdings längsgestreift. In Anlehnung an das Landeswappen wurde das schleswigsche Blau mit den holsteinischen Farben Weiß und Rot verbunden. Erstmalig gezeigt wurde die Flagge bei dem Sängerfest 1844 in Schleswig. Im Rahmen der schleswig-holsteinischen Erhebung von 1848 verbreitete sich die Trikolore im ganzen Land als Symbol der gewünschten Einheit der Herzogtümer Schleswig und Holstein. Nach dem verlorenen Krieg der Schleswig-Holsteiner gegen Dänemark wurde die Fahne verboten. Während des deutsch-dänischen Krieges 1863 wurde die Flagge wieder populär. Sie blieb auch in der Zeit der preußischen Provinz als regionales Symbol bestehen, wie zum Beispiel bei der Volksabstimmung 1920 im Landesteil Schleswig. Erst am 18. Januar 1957 erhob das neue Bundesland Schleswig-Holstein die blau-weiß-rote Flagge zum offiziellen gesetzlichen Symbol.

Nach dem Zweiten Weltkrieg war durch Flucht und Vertreibung die Bevölkerungszahl Schleswig-Holsteins um 70%, um 1,5 Millionen Menschen gewachsen. Die

Wohnsituation und die Versorgungslage der Bevölkerung gestalteten sich äußerst schwierig. Schleswig-Holstein gehörte zur britischen Besatzungszone, für die die Militärregierung die Regierungsgewalt ausübte und die deutsche Verwaltungsstruktur aufrechterhielt.

Kiel war Amtssitz des Oberpräsidenten, des höchsten preußischen Repräsentanten in der Provinz Schleswig-Holstein. Im November 1945 wurde der Rendsburger Landrat Theodor Steltzer, der sich als Angehöriger des Kreisauer Kreises im Widerstand gegen die Nationalsozialisten ausgezeichnet hatte, von den Engländern zum kommissarischen Oberpräsidenten ernannt. Steltzer schlug der Militärregierung vor, statt der mehrgliedrigen preußischen eine einheitliche demokratische Provinzialverwaltung zu schaffen. Bis August 1946 wurden mehrere neue politische Organe eingesetzt, neue Landesämter, ein Landtag und eine Landesregierung, deren Kompetenzen in einer vorläufigen Landesverfassung definiert waren. In der Frage, ob die neue Landeshauptstadt Schleswig oder Kiel sein sollte, sprach sich Steltzer für Schleswig aus, die Militärregierung entschied sich hingegen für Kiel. Die Behörden, die noch in Schleswig ansässig waren, wurden nach Kiel verlegt. Die Militärregierung plante, die in Teilen zerstörte ehemalige Marineakademie am Düsternbrooker Weg zum Sitz der Landesregierung und des Landtags auszubauen.

Der 23. August 1946 war die Geburtsstunde des Landes Schleswig-Holstein. Aus der preußischen Provinz wurde das Land Schleswig-Holstein, aus Kiel die Landeshauptstadt und aus dem letzten Oberpräsidenten Theodor Steltzer der erste Ministerpräsident. Am 13. Oktober veranlassten

Flagge des Landes Schleswig-Holstein

Landeshaus des Landes Schleswig-Holstein in Kiel

die Briten Kommunalwahlen, aus denen SPD und CDU als stärkste Parteien hervorgingen. Auch in der ersten freien Landtagswahl am 20. April 1947, in der es vor allem um die Vertriebenenfrage ging, fielen die meisten Stimmen auf diese beiden Parteien, 43,8 % auf die SPD, 34,0 % auf die CDU. Die Sozialdemokraten bildeten eine Alleinregierung unter Ministerpräsident Hermann Lüdemann, der am 6. Mai 1947 ins neue Landeshaus einziehen konnte.

Adresse: Landeshaus, Düsternbrooker Weg 70, 24105 Kiel

Seit dem 18. Januar 1957 weht die blau-weiß-rote Flagge offiziell für das neue Bundesland Schleswig-Holstein.

Die Landesflagge Schleswig-Holsteins flattert in vielfältiger Ausführung rund um das Landeshaus und an der Kiellinie. Das Landeshaus wurde ursprünglich 1888 für die Kaiserliche Marine gebaut. Der Schleswig-Holsteinische Landtag bezog es am 3. Mai 1950. 2001 wurde dem Gebäude ein gläserner Anbau an der Fördeseite hinzugefügt, der den Plenarsaal beherbergt.
Das Landeshaus liegt neben vielen Ministeriumsgebäuden direkt an der Kiellinie, der Promenade entlang der Kieler Förde mit ihren Schiffsanlegebrücken für die Fördeschifffahrt und der Seebadeanstalt. Das sich hinter dem Landeshaus anschließende Düsternbrooker Gehölz ist ein etwa einundzwanzig Hektar großes Waldgebiet mit zahlreichen schönen Wanderwegen.

70 1961: FÄHRSCHIFFE – KIEL ALS TOR ZUR OSTSEE

1961 begann mit der Inbetriebnahme der „Kronprins Harald" die Karriere Kiels als Fährhafen. Die Terminalanlagen mitten im Zentrum der Stadt, Norwegenkai, Schwedenkai, Bollhörnkai, Ostseekai, ermöglichen eine direkte Begegnung mit den Fähren und den Kreuzfahrtriesen.

Kiel besitzt einen der wichtigsten Häfen im Ostseeraum. Seine geografische Lage, die verlässlich seeschifftiefe Förde und der direkte Anschluss an das Schienen- und Autobahnnetz sind ideale Bedingungen für den Güter- und Passagierverkehr. Günstig ist auch die Lage am Eingang zur weltweit meistbefahrenen künstlichen Wasserstraße, dem Nord-Ostsee-Kanal. Mit etwa 22 Überfahrten in der Woche verbindet der Kieler Hafen Deutschland mit Schweden, Norwegen und Litauen. Die Überfahrt bis Göteborg dauert knapp fünfzehn Stunden, nach Oslo etwa 20 Stunden, nach Klaipeda 21 Stunden.

Viele Jahre lang konnte man mit dem Schiff von Kiel nach Dänemark fahren. Die Fährgesellschaft Langeland-Kiel beförderte seit 1965 einhundert Autos und dreihundert Passagiere bis zu dreimal täglich von Kiel zur dänischen Insel Langeland. 2003 wurde die Linie eingestellt. Die einzige verbleibende Fährverbindung nach Dänemark ist die so genannte Vogelfluglinie, über die man rund um die Uhr im 45-Minuten-Takt von Puttgarden auf Fehmarn nach Rødby auf Lolland gelangt, wo direkt am Fährhafen die Autobahn nach Kopenhagen anfängt.

Mit dem Fährschiff „Kronprins Harald", das in der Howaldtswerft in Kiel gebaut worden war, nahm die norwegische Reederei Jahre Line 1961 die Überfahrt von Kiel nach Oslo auf. Das Schiff war bis 1976

Kiel als Fährhafen

Norwegenkai

im Einsatz. Ein Neubau gleichen Namens übernahm im selben Jahr den Fährverkehr. Im Laufe der nachfolgenden Jahre stieg der Kieler Hafen neben Travemünde und Puttgarden zum größten schleswig-holsteinischen Passagierhäfen auf und zu einem der größten Deutschlands, vor allem auch durch das ständig expandierende Kreuzfahrtgeschäft.

Am Ostseekai wurde ein neues Terminalgebäude für Kreuzfahrtschiffe gebaut. Dagegen hat der reine Güterumschlag eine eher untergeordnete Bedeutung.

Kombinierte Passagier- und Frachtfähren verkehren mit der Stena Line vom Schwedenkai nach Göteborg, mit der Color Line vom Norwegenkai nach Oslo und mit der DFDS Seaways nach Klaipeda. Reine Frachtfähren führen mit der Color Line nach Oslo und mit der DFDS Seaways nach Sankt Petersburg. Ein Container- und Stückgutschiff fährt einmal in der Woche nach Kaliningrad.

Vom Start- und Zielhafen Kiel für Kreuzfahrtschiffe beginnen jährlich Tausende von Reisenden ihre Kreuzfahrt in der Ostsee und durch den Nord-Ostsee-Kanal weltweit. Kiel ist der drittgrößte Reisewechselhafen Nordeuropas. 2019 steuerten zweiunddreißig Kreuzfahrtschiffe den Kieler Hafen 174mal an und beförderten etwa 800.000 Passagiere.

Adresse: Fährschiffe auf dem östlichen Ufer: Norwegenkai, Zur Fähre 1, 24143 Kiel, und DFDS Seaways Ostuferhafen 15, 24149 Kiel. Fährschiffe auf dem westlichen Ufer: Bollhörnkai 1 und Schwedenkai 1, 24103 Kiel, Ostseekai 1, 24105 Kiel.

Kiel ist dank der Fährverbindungen nach Schweden, Norwegen und Litauen einer der bedeutendsten Fährhäfen Deutschlands.

Ein Bummel am Hafen und an der Kiellinie entlang erlaubt die Beobachtung der Fährschiffe und der Kreuzfahrtschiffe. An Bord der Fördeschiffe der Schlepp- und Fährgesellschaft Kiel mit den Anlegestellen Bahnhof, Seegarten, Reventlou und Bellevue kann man die Förde überqueren und zum Beispiel die Bäder Heikendorf und Laboe an der Außenförde ansteuern.

1962: FLUTMARKE IN HUSUM – STURMFLUT

Die Flutmarke im Husumer Hafen zeigt die Wasserstände während vergangener Sturmfluten an, zum Beispiel von 1362, 1634, 1825 und auch von 1962.

In der Nacht vom 16. auf den 17. Februar 1962 brach eine Katastrophe über die schleswig-Holsteinische Nordseeküste herein: Wassermassen bedrängten immer heftiger die Deiche, viele Deiche brachen, Land und küstennahe Häuser wurden überflutet, Menschen versuchten, ihr Hab und Gut zu retten, viele ertranken.

Schon am Morgen des 16. Februar raste ein Orkan mit 130 Kilometer in der Stunde auf die Küste zu. Der Wasserstand stieg bedrohlich. Das Deutsche Hydrographische Institut (DHI) gab die Warnung vor einer schweren Sturmflut an der gesamten Nordseeküste heraus. Die nordfriesischen Inseln und Halligen waren am stärksten bedroht, aber auch am Festland, zum Beispiel in Husum, stieg der Wasserpegel mit fünf Metern über Normalnull beunruhigend an. Die Wassermassen wurden von dem schweren Sturm auch in die Elbe und ihre Nebenflüsse gepresst und überschwemmten die Städte Itzehoe, Elmshorn und Uetersen.

Am 17. Februar ließ der Sturm schließlich nach. Zurück blieben unzählige beschädigte Deichabschnitte und viele zerstörte Häuser. Aber auch wenn die Schäden zwischen Elbe und Sylt gewaltig waren, kam Schles-

Flutmarke im Husumer Hafen

Deichprofile am Norderhafen, Nordstrand

wig-Holstein noch glimpflich davon: Hier verlor kein Mensch sein Leben. Grausamer traf es Hamburg, wo 317 Menschen starben. Der Sturm überraschte die meisten im Schlaf. In der Hansestadt brachen die Deiche, ein Sechstel des Hamburger Stadtgebietes wurde überflutet, mehr als 20.000 Menschen mussten mit Hubschraubern oder Schlauchbooten evakuiert werden.

Damit sich eine solche Katastrophe nicht wiederholen könnte, verabschiedete die schleswig-Holsteinische Landesregierung am 20.12.1963 den „Generalplan Deichverstärkung, Deichverkürzung und Küstenschutz", das größte Deichbauprogramm in der Geschichte des Landes, mit dem Ziel, den Küstenschutz auszubauen und zu modernisieren. Von den 560 Kilometern Seedeichen an der Nordseeküste Schleswig-Holsteins waren 70 Kilometer zerstört und 80 Kilometer erheblich beschädigt. Die Deiche wurden wiederhergestellt, aber auch erhöht und flacher angelegt, damit die Wellen ihre Kraft verlieren. Sperrwerke wie das Eidersperrwerk wurden gebaut.

Auf Nordstrand wurde zum Beispiel zwischen 2013 und 2017 der Landesschutzdeich Alter Koog zwischen Norderhafen und Stucklahnungshörn auf 8,70 Meter erhöht, am Deichgrund wurden mit Schotter gefüllte Kunststoff-Flechtzäune eingebaut, die Außenböschung wurde flacher angelegt und die Deichkrone auf fünf Meter verbreitert. Falls der Meeresspiegel stärker als erwartet ansteigen sollte, kann dieser Klimadeich durch Aufsetzen einer Kappe um einen weiteren Meter erhöht werden.

Adresse: Flutmarke am Hafen, 25813 Husum.

Eine der schwersten Sturmfluten brach in der Nacht vom 16. auf den 17. Februar 1962 über die schleswig-holsteinische Nordseeküste herein. Sie richtete starke Verwüstungen an und kostete in Hamburg sogar viele Menschenleben.

Von Husum aus kann man die Nordseeküste entlangfahren, zum Beispiel bis zum Eidersperrwerk an der Eidermündung bei Tönning, 25764 Wesselburenerkoog, oder auf die nahe gelegene Insel Nordstrand, Norderhafen, 25845 Nordstrand. Aber auch Husum selbst bietet viele Sehenswürdigkeiten wie das Schloss, die Marienkirche oder das Theodor-Storm-Haus, Wasserreihe 31, 25813 Husum.

1963: FEHMARNSUNDBRÜCKE – BRÜCKE NACH SKANDINAVIEN

Die Fehmarnsundbrücke überwindet den etwa 1.300 Meter breiten Fehmarnsund und verbindet die Insel Fehmarn mit dem Festland. Die im Volksmund „Kleiderbügel" genannte Brücke wurde 1963 dem Verkehr übergeben. Die Brücke ist einundzwanzig Meter breit und trägt auf der Ostseite das Gleis der Bahnstrecke Lübeck–Puttgarden, in der Mitte die Bundesstraße 207 sowie auf der Westseite einen kombinierten Rad- und Fußweg. Den Brückenüberbau aus Stahl bildet ein 45 Meter hoher Netzwerkbogen, der erste und größte dieser Art in der Welt, der aus zwei gegeneinander geneigten Parallelbögen besteht, die sich im Scheitel treffen.

Nachdem bereits 1912 und 1941 erste Planungen für eine Überquerung des Fehmarnsunds vorgelegen hatten, wurden Planungen und Berechnungen nach dem Weltkrieg 1952 wieder aufgenommen. Im Januar 1960 begannen die Bauarbeiten. Nach dreijähriger Bauzeit konnte die neue Brücke am 30. April 1963 eingeweiht werden. Die bisher genutzte Eisenbahnfähre zwischen Großenbrode und dem dänischen Gedser wurde durch die deutlich kürzere Fährverbindung zwischen Puttgarden und Rødbyhavn ersetzt. Seit 1999 steht die Fehmarnsundbrücke aufgrund ihrer technikgeschichtlichen und kunsthistorischen Bedeutung unter Denkmalschutz.

Da die Brücke den stärkeren Belastungen nach der Eröffnung der Festen Fehmarnbeltquerung, einer 17,6 Kilometer langen Querung unter dem Fehmarnbelt, wohl nicht mehr standhalten könnte, wird im Verkehrsministerium über eine Nachbesserung oder auch einen Neubau nachgedacht. Da parallel zur Fehmarnsundbrücke ein Absenktunnel mit einer vierstreifigen Straße und einer zweigleisigen Bahnstrecke gebaut wird, soll die alte Brücke zumindest für Radfahrer und Fußgänger erhalten bleiben und in Stand gesetzt werden.

Mit der Festen Fehmarnbeltquerung wird das grenzübergreifende Verkehrsnetz Nordeuropas lückenlos geschlossen. Der Tunnel und die neuen Schienen- und Straßenverbindungen beiderseits des Belts werden den Verkehrsweg zwischen Skandinavien und Deutschland erheblich verkürzen und zu einer leistungsstarken Transport- und Reiseachse verbessern. Die Feste Fehmarnbeltquerung eröffnet neue Chancen für die deutsch-dänische Zusammenarbeit in den Bereichen Wirtschaft, Tourismus, Bildung, Forschung und Kultur und lässt den skandinavischen Raum enger mit dem europäischen Festland zusammenwachsen.

Das Verhältnis zwischen Deutschland und Dänemark ist von einer vertrauensvollen Kooperation geprägt. Die deutsch-dänische Grenze im Norden Schleswig-Hol-

Fehmarnsundbrücke

steins ist nach der Volksabstimmung von 1920 immer mehr zu einer friedlichen Grenzregion geworden, besonders nach den Bonn-Kopenhagener Erklärungen von 1955, in denen die Existenz, die Gleichbehandlung und die Rechte der jeweiligen Minderheiten in den beiden Staaten bestätigt wurden.

Adresse: Fehmarnsundbrücke, 23769 Fehmarn.

Die 1963 eröffnete Fehmarnsundbrücke verbindet die Insel Fehmarn mit dem Festland und schafft eine günstige Verkehrsanbindung zwischen Schleswig-Holstein und seinem nördlichen Nachbarn Dänemark.

Über die Brücke gelangt man auf die Ferieninsel Fehmarn, neben Rügen und Usedom die drittgrößte deutsche Insel, die über schöne Strände und viele Freizeitmöglichkeiten verfügt und mit rund 2.200 Sonnenstunden im Jahr den Ruf einer Sonneninsel genießt. Dank eines guten Radwegnetzes ist die Insel vollständig erschlossen. So kann das Wasservogelreservat Wallnau mit seinen Beobachtungspunkten und einem Aussichtsturm erkundet werden, Wallnau 4. Auch die Galileo Wissenswelt in Burg bietet auf 3.000 qm innerer und 6.000 qm äußerer Ausstellungsfläche spannende Einblicke in Naturwissenschaft und Technik, Mummendorfer Weg 11b, 23769 Fehmarn.

1972: OLYMPIAFACKEL IN KIEL – SEGELOLYMPIADE

1972 fanden in Kiel zum zweiten Mal die olympischen Segelregatten statt, denn schon bei der Olympiade 1936 war hier der Austragungsort. Am 26. August 1972 wurden die XX. Olympischen Spiele in München eröffnet. Am Tag darauf wurde auf dem Kieler Rathausplatz das olympische Feuer entzündet, das am 28. August von elf Läufern nach Schilksee getragen wurde, wo während der dortigen Eröffnungsfeier mit einer Fackel der Feuerkranz entzündet wurde. Am 29. August starteten die Regatten für die 318 Segler aus vierzig Nationen in sechs Bootsklassen, leider bei ungünstigen Wetterbedingungen mit zu wenig Wind.

Das Internationale Olympische Komitee entschied 1966, die XX. Olympischen Sommerspiele nach München zu vergeben. Für den Ort der Segelregatten stand man vor der Wahl zwischen Lübeck-Travemünde und Kiel. Travemünde hatte den Vorteil von bereits vorhandener Infrastruktur. Kiel konnte dagegen die langjährigen Erfahrungen mit der Kieler Woche in die Waagschale werfen. Gegen Kiel sprach, dass die olympischen Segelwettbewerbe 1936 mit unerträglicher nationalsozialistischer Propaganda einhergegangen waren. Gegen Lübeck sprach die Nähe der Grenze

Olympiafackel in Kiel-Schilksee

zur DDR, die den Einsatz der Marine erschweren würde. 1967 fiel die Entscheidung zugunsten Kiels aus.

In Kiel-Schilksee wurden zwischen 1968 und 1972 die Gebäude des Olympiazentrums errichtet. Im Mittelpunkt entstand ein 465 Meter langer Staffelbau aus Beton, in dessen Sockelgeschoss die Bootshallen, eine Schwimmhalle sowie die Verwaltung und die Presse untergebracht waren. Die Promenade darüber beherbergte Geschäfte und Restaurants. In den oberen drei Stockwerken wurden vierhundert Appartements eingerichtet. Weitere Wohnungen für die Sportler und die Sportfunktionäre wurden in zwei Hochhäusern und in einem elfgeschossigen Hotel bereitgehalten. Die Hafenanlagen wurden auf die doppelte Größe ausgebaut. Eine ausreichende Zahl von Liegeplätzen für die Segelschiffe schuf man darüber hinaus in den Yachthäfen von Düsternbrook, Strande, Wik, Laboe und Möltenort.

Die Stadt Kiel profitierte außerordentlich von den Segelwettbewerben. Neu gestaltet wurden der Alte Markt und die Kiellinie. Kiel erhielt einen neuen ZOB, einen Anbau an das Opernhaus, eine neue Holtenauer Hochbrücke, einen Ausbau mehrerer Zufahrtsstraßen sowie einen Autobahnanschluss. Diese Investitionen waren von großer Bedeutung für die zukünftige Entwicklung der Stadt.

Die Hoffnung auf „heitere Spiele" bei der XX. Olympiade wurde durch das Attentat einer palästinensischen Terrorgruppe auf die israelische Mannschaft in München am 5. September zunichte gemacht, bei dem insgesamt siebzehn Menschen ums Leben kamen. Die Wettkämpfe wurden abgesagt und endeten am 6. September mit einer schlichten Feier, auch in Schilksee.

Adresse: Olympiafackel, Olympiahafen, Soling 26, 24159 Kiel-Schilksee.

Die XX. Olympischen Segelwettbewerbe wurden am 28. August 1972 in Kiel-Schilksee eröffnet. Die Wettkampfstätten in Schilksee wurden für die Sportveranstaltung aufwändig gestaltet, die Stadt Kiel erhielt diverse neue Einrichtungen und moderne Infrastruktur.

Von Schilksee mit seinem großen Yachthafen aus verläuft ein Wanderweg an der Kieler Förde entlang durch das Ostseebad Strande bis zum Bülker Leuchtturm an der äußersten östlichen Landspitze der Nordseite der Förde, dem ältesten Kieler Leuchtturm von 1807, 24229 Strande, und weiter an der Steilküste bis Stohl.

1987: GRABSTÄTTE UWE BARSCHEL IN MÖLLN – BARSCHEL-AFFÄRE

1987 machte Schleswig-Holstein Schlagzeilen als „Waterkantgate", so der Titel eines Artikels im „Spiegel", mit dem Skandal um den damaligen CDU-Ministerpräsidenten Uwe Barschel. Die Barschel-Affäre war einer der größten politischen Skandale in der deutschen Nachkriegsgeschichte. Nach seinem mysteriösen Tod in Genf wurde Uwe Barschel in seinem Wohnort Mölln auf dem Alten Friedhof beigesetzt.

Im Vorfeld der anstehenden Landtagswahl wurde der SPD-Kandidat Björn Engholm offenbar durch ein Detektivbüro bespitzelt. Drahtzieher dieser schmutzigen Kampagne war der Journalist und Medienreferent Reiner Pfeiffer aus der Staatskanzlei. Dieser setzte eine anonyme Anzeige wegen Steuerhinterziehung gegen Engholm in Gang und brachte einen Aids-Verdacht in Umlauf. Der „Spiegel" brachte diese üble Verleumdungskampagne am Tag vor der Wahl ans Licht. Niemand ahnte, dass sich Pfeiffer mehrmals auch mit SPD-Politikern traf, also ein doppeltes Spiel trieb. Pfeiffer beschuldigte Uwe Barschel, ihn wegen des drohenden Machtverlusts der CDU zu den Aktionen angestiftet zu haben. Der Ministerpräsident bestritt das vehement und gab am 18. September im Fernsehen öffentlich sein Ehrenwort darauf. Zweifeln an der Glaubwürdigkeit Pfeiffers traten jedoch Mitarbeiter der Staatskanzlei entgegen. Nachdem auch Parteifreunde und der potenzielle Koalitionspartner FDP sich von Barschel distanzierten, wurde der Druck auf

Uwe Barschels Grab in Mölln

den Ministerpräsidenten so groß, dass er schließlich am 25. September seinen Rücktritt erklären musste. Am 11. Oktober 1987, einen Tag vor seiner Aussage vor dem parlamentarischen Untersuchungsausschuss, fanden zwei Reporter die Leiche Uwe Barschels in der Badewanne eines Zimmers im Genfer Hotel „Beau Rivage", das als internationaler Treffpunt für illegalen Waffenhandel galt. Als Todesursache stellten Schweizer Ermittler Medikamentenvergiftung fest. Ungeklärt blieb, ob es sich um einen Selbstmord oder um Mord infolge einer Verstrickung in Waffengeschäfte handelte. Da es sowohl Indizien für Selbstmord als auch für Mord gab, wurden Zweifel an der Selbstmordtheorie niemals ganz ausgeräumt. Der „Fall Barschel" wurde nie lückenlos aufgeklärt.

Bei der Neuwahl im Mai 1988 änderten sich die Mehrheitsverhältnisse im Kieler Landtag dramatisch: Die SPD konnte mit einer absoluten Stimmenmehrheit von fast 55 Prozent regieren, während die CDU auf 33 Prozent abrutschte. Björn Engholm wurde neuer Ministerpräsident.

Erst 1993 wurde offenbar, dass der ehemalige SPD-Landesvorsitzende Günther Jansen die Geldsumme von 50.000 Mark in einer Schublade gesammelt hatte und diese Reiner Pfeiffer nach der Barschel-Affäre hatte zukommen lassen. Sowohl Jansen als Sozialminister als auch der Ministerpräsident und Kanzlerkandidat Engholm, der zugab, schon vor der Wahl 1987 von Pfeiffers Aktivitäten gewusst zu haben, mussten aufgrund dieser „Schubladenaffäre" zurücktreten.

Adresse: Grabstätte Uwe Barschel, Alter Friedhof, Hindenburgstraße, 23879 Mölln.

Der schleswig-holsteinische Ministerpräsident Uwe Barschel musste aufgrund einer Bespitzelungsaffäre gegen seinen politischen Gegner Björn Engholm 1987 zurücktreten und starb auf mysteriöse Weise in einem Genfer Hotelzimmer.

Trotz dieser traurigen Umstände und der brisanten politischen Affäre hat die Stadt Mölln auch heitere Seiten. Wer die Stadt erkunden möchte, kann einen kleinen Spaziergang auf dem Marktpatz starten mit dem historischen Rathaus, der St. Nicolai-Kirche, den Fachwerkhäusern sowie dem Eulenspiegel-Brunnen und -Denkmal oder dem Eulenspiegel-Museum in einem alten Bürgerhaus von 1582, Marktstraße 2, 23879 Mölln. Der Aussichtspunkt Heidberg oberhalb der Altstadt beschert einen herrlichen Ausblick auf Mölln und auf den Schul- und Stadtsee, Am Heidberg. Ein weiterer schöner Aussichtspunkt befindet sich östlich der Stadt, nur dreißig Minuten vom Marktplatz entfernt: Waldhalle am Schmalsee, Waldhallenweg, 23879 Mölln. Rund 45 Minuten dauert eine Umrundung des Sees.

1989: EHEMALIGE GRENZE ZUR DDR – WIEDERVEREINIGUNG

Das Grenzmuseum in der ehemaligen Zollstation Schlutup dient seit 2005 der Erinnerung an die Teilung Deutschlands, den Bau der Mauer, den Mauerfall und die Wiedervereinigung. Ausgestellt werden Relikte aus der Zeit der Teilung wie Wachhäuser mit Sehschlitzen, Stacheldrahtverhaue, ein zwei Meter hohes Betonmauerstück und Grenzpfähle.

Der Grenzübergang Lübeck-Schlutup war der nördlichste in Deutschland. Die Grenze verlief von der Ostsee zum Ratzeburger See und dann weitgehend entlang der beiden Flüsse Trave und Wakenitz. Lübeck war außerdem Sitz des Bundesgrenzschutzes. Am 9. November 1989 fiel die Berliner Mauer, und die Grenze zwischen der Deutschen Demokratischen Republik und der Bundesrepublik Deutschland öffnete sich. In der Grenzdokumentations-Stätte Lübeck-Schlutup wird die menschenverachtende Grenzsituation in Lübeck von der Entstehung bis zur Öffnung 1989 dokumentiert.

Lübeck lag als einzige Großstadt der Bundesrepublik direkt an der Grenze zur DDR. 1946 herrschte noch in beide Richtungen ein reger Verkehr über die offene Grenze. Bis zu Beginn der 1950er Jahre war sie abgesehen von einigen Schildern und Patrouille laufenden Grenzpolizisten praktisch unsichtbar. Erst 1952 entwickelte sich der Grenzstreifen mit ersten hölzernen Wachtürmen, Stacheldrahtverhauen sowie Grenzsicherungsanlagen mit Todesstreifen und Minen zu einem etwa fünf Kilometer breiten Sperrgebiet. Mit dem Mauerbau in Berlin am 13. August 1961 führten weitere Zaunreihen und Minenfelder zu einer verschärften Grenzüberwachung, und die Nationale Volksarmee übernahm die Kontrollen.

Grenzübergang Lübeck-Schlutup

Der erste Tote an der Grenze bei Palingen östlich von Lübeck war ein Grenzpolizist, dessen Kamerad ihn am 2. Juli 1950 niederschoss, um in den Westen zu fliehen, wo er wegen fahrlässiger Tötung verurteilt wurde.

Oft wählten DDR-Bürger für ihre Flucht den Weg über das Wasser der Lübecker Bucht. Hunderte nahmen die Route über See, trotz des nächtlichen Bade- und Aufenthaltsverbots für die

Ein Stück der Mauer

Strände an der Lübecker und Mecklenburger Bucht. Die meisten wählten Ruder- und Schlauchboote oder sogar Luftmatratzen, viele schwammen, einige sprangen von DDR-Fähren oder -Frachtern. So schafften es zwei junge Männer, in einem getarnten Schlauchboot trotz Verfolgung und Beschuss durch DDR-Wachposten über die vierzig Kilometer lange Distanz von Wismar bis nach Grömitz zu gelangen. Doch es ging auch ohne Boot. Ein Rekordschwimmer durchschwamm die Entfernung von zwanzig Kilometern zwischen Boltenhagen und dem Leuchtfeuer von Pelzerhaken, wo er von einem Schiff aufgenommen wurde.

Am Abend des 9. November 1989 verkündete in der legendären Pressekonferenz das Politbüromitglied Günter Schabowski die Öffnung der Grenze. Auf die Frage, ab wann das gültig sei, erwiderte er: „Das tritt nach meiner Kenntnis, ist das sofort, unverzüglich." In Berlin kamen umgehend Zehntausende DDR-Bürger zur Grenze, in Schlutup dagegen wurde die Absperrung erst um 21.53 Uhr geöffnet. Neben den unzähligen Fußgängern und Radfahrern gab es hier kurz danach eine kilometerlange Autoschlange. Die Grenzübergänger wurden mit Sekt, Kaffee, Obst und kleinen Geschenken und mit Freudentränen gefeiert. In den folgenden Tagen kamen Tausende von Menschen über die Grenze. Alle Straßen nach Lübeck waren verstopft mit Autos und Menschen, die sich in der Innenstadt das Begrüßungsgeld von 100 DM pro Person abholen wollten. Am darauffolgenden Sonntag feierte man in Lübeck ein gesamtdeutsches Fest mit 25.000 Besuchern aus der DDR.

Adresse: Ehemalige Grenze zur DDR, Grenzdokumentations-Stätte, Mecklenburger Straße 12, 23568 Lübeck-Schlutup.

Das Grenzmuseum erinnert an die Zeit der deutschen Teilung und an die Grenzbefestigungen der DDR sowie an die erschütternden Schicksale entlang dieser innerdeutschen Grenze.

In Schlutup selbst kann man die Fischerkirche St. Andreas aus dem 15. Jahrhundert besichtigen, Schlutuper Kirchenstraße 17, 23568 Lübeck-Schlutup, sowie die ehemalige mittelalterliche Wassermühle am Doventeich anschauen, Mühlenteich 23, 23552 Lübeck-Schlutup. Das nahe Lübeck bietet den Besuchern darüber hinaus eine Vielfalt von einmaligen Sehenswürdigkeiten aus fernerer Vergangenheit.

LITERATURVERZEICHNIS

Bohn, Robert: Geschichte Schleswig-Holsteins. München 2006. Verlag C.H.Beck.

Bohn, Robert; Uwe Danker: Schleswig-Holstein. Geschichte auf den Punkt gebracht. Neumünster 2008. Wachholtz Verlag.

Brandt, Otto: Geschichte Schleswig-Holsteins. Ein Grundriss. Kiel 1966. Walter G. Mühlau Verlag.

Degn, Christian: Schleswig-Holstein – eine Landesgeschichte. Historischer Atlas. Neumünster 1994. Wachholtz Verlag.

Haas, Hippolyt; Hermann Krumm; Fritz Stoltenberg (Hg.): Schleswig-Holstein meerumschlungen in Wort und Bild. Kiel 1896. Verlag Lipsius & Tischer.

Ibs, Jürgen H.; Eckart Dege, Henning Unverhau (Hg.): Historischer Atlas Schleswig-Holstein. Vom Mittelalter bis 1867. Neumünster 2004. Wachholtz Verlag.

Jensen, Jürgen (Hg.): H. Eckardt: Alt-Kiel in Wort und Bild. Karl Wachholtz Verlag Neumünster 1975 (Neudruck der Ausgabe von 1899).

Jensen, Jürgen; Peter Wulf (Hg.): Geschichte der Stadt Kiel. Neumünster 1991. Karl Wachholtz Verlag.

Kraack, Detlev: Begegnungen. Schleswig-Holsteinische Geschichte in Lebensbildern. Kiel/Hamburg 2016. Wachholtz Verlag.

Lange, Ulrich (Hg.): Geschichte Schleswig-Holsteins. Von den Anfängen bis zur Gegenwart. Neumünster 1996. Wachholtz Verlag.

Opitz, Eckardt: Schleswig-Holstein. Landesgeschichte in Bildern, Texten und Dokumenten. Hamburg 1988. Rasch und Röhring Verlag.

Scharff, Alexander: Schleswig-Holsteinische Geschichte. Ein Überblick. Territorien-Ploetz. Freiburg/Würzburg 1982. Verlag Ploetz.

Tillmann, Doris; Johannes Rosenplänter (Hg.): Kiel Lexikon. Kiel 2011. Wachholtz Verlag.

Witt, Jann Markus; Heiko Vosgerau (Hg.): Schleswig-Holstein von den Ursprüngen bis zur Gegenwart. Eine Landesgeschichte. Hamburg 2002. Convent Verlag.

ABBILDUNGEN

Die Fotografien sind eigene Aufnahmen.

DER AUTOR

Peter Wenners, geboren 1950, studierte nach dem Abitur an der Christian-Albrechts-Universität Kiel Germanistik, Geographie, Skandinavistik und Kunstgeschichte sowie Pädagogik und Soziologie. Ab 1978 unterrichtete er an der Heinrich-Heine-Schule in Heikendorf die Fächer Deutsch und Geographie.

1985 legte Peter Wenners mit seiner Dissertation über „Die Probsteier Familiennamen vom 14. bis 19. Jahrhundert" und der mündlichen Prüfung in den Fächern Germanistik, Geographie und Kunstgeschichte seine Promotion ab. In den Jahren 1991–1993 war er am Germanistischen Institut der Christian-Albrechts-Universität Kiel im Rahmen eines Lehrauftrags als Dozent für die Fachdidaktik des Deutschunterrichts tätig.

1993 wurde Peter Wenners zum Leiter des Gymnasiums Altenholz gewählt. Dieses Amt nahm er über 22 Jahr lang wahr bis zu seiner Versetzung in den Ruhestand 2016. Nach seiner Pensionierung engagierte er sich von 2016 bis 2020 als pädagogisch-wissenschaftlicher Leiter der Juniorakademie St. Peter-Ording, eines Förderprogramms für hochbegabte Jugendliche aus Schleswig-Holstein und Hamburg.

Seit 2016 widmet sich Peter Wenners dem Schreiben von historischen Sachbüchern über Kiel und Schleswig-Holstein.

EBENFALLS IM BOYENS BUCHVERLAG ERSCHIENEN